KB081257

김정선

20년 넘도록 잡지와 단행본의 문장을 다듬어 온 전문 교정자.
대학을 졸업하고 한 해를 일없이 놀다가 어렵게 구한 첫 직장이
조그마한 잡지사 『한국인』의 편집부였다. 그때가 1993년이었다.
이후로 교정지와의 질긴 인연이 시작되었다. 을유문화사
편집부를 거쳐 2000년부터는 외주 교정자로 문학과지성사,
생각의나무, 한겨레출판, 현암사, 시사인북 등의 출판사에서
교정 작업을 했다. 훌륭한 편집자를 많이 만나 그들에게 배워
가며 일하는 재미에 쉰을 앞둔 나이까지 교정지를 들여다보고
있다. 교정 교열 일을 기초부터 차근차근 배운 적도 없으면서
이렇게 오랫동안 교정자로 밥 벌어 먹고살아 왔다는 게
신기하기도 하고 민망하기도 하다. 이 책으로 적어도 민망함은
좀 덜었으면 하는 바람이다.

일러두기

본문에 나오는 낱말의 뜻풀이는 국립국어원 『표준국어대사전』을 따랐습니다.

동사의 맛

동사의 맛

교정의 숙수가
알뜰살뜰 차려 낸
우리말 움직씨 밥상

김정선 지음

머리말
글맛을 내는 육수와 양념, 동사

출판사의 제안을 받고 이 책을 썼다. 우리말 동사만 다루되, 일반 독자는 재미있게 읽으면서 동사 활용법을 익힐 수 있고, 글을 쓰거나 남의 글을 다듬는 일을 하는 사람들은 글을 다루는 데 도움을 받을 만한 책을 써 줄 수 있겠느냐는 매우 구체적인 제안이었다. 오랫동안 남의 글을 손보고 다듬는 일을 해왔으니 자주 고치게 되는 동사들만 정리해도 여러 사람에게 참고가 되지 않겠느냐는 게 딱히 내세울 만한 자격증도 없는 내게 그런 제안을 하는 이유였다. 말하자면 '실전 경험'을 높이 산 셈이랄까.

평소 같으면 일 때문에 시간을 낼 수 없다는 핑계를 대거나 자격이 안 된다며 손사래를 쳤겠지만, 불행인지 다행인지 마침 개인 사정으로 일을 쉬고 있었다. 무엇보다 '동사만 다루는 책'이라는 말에 혹하고 말았다.

우리말에서 형용사와 함께 이른바 용언에 해당하는 동사는 음식으로 치면 육수나 양념에 해당한다. 제 몸을 풀어 헤쳐 문장 전체에 스며들어서 글맛을 내기 때문이다. 육수나 양념과 마찬가지로 잘 쓰면 감칠맛까지 낼 수 있지만 잘못 쓰면 맛은 커녕 허기를 채우기도 어려워진다. 육수에 견준 김에 한발 더 나아가자면, 다양한 육수와 양념이 화학조미료에 밀려나듯이 한자어에 '-하다'나 '-되다'를 붙여 쓰거나 대표되는 동사 하나로 한통쳐 쓰면서 멀쩡한 우리말 동사들이 때 이르게 죽은말 취급을 받고 있다. '그르치다'를 써도 될 때에도 굳이 '실패하다'를 쓰고, '견주다', '비기다'보다 '비교하다', '비하다'를 더 자주 쓰고, '가시다', '부시다'를 '씻다'로 한통치는 식이다.

어디 그뿐인가. 우리말 관련 책에서도, 음식으로 치면 주재료에 해당하는 명사에 밀려 동사는 늘 찬밥 신세다. 그러다 보니 제 몸을 풀어 헤친다는 표현이 과장이 아닐 만큼 동사는 활용형이 다양한데도 마땅히 찾아 확인할 곳도 없다. 어떤 건 도대체 기본형이 무엇인지 가늠하기 어려울 정도인데 사전에마저 한두 가지 활용형 말고는 달리 밝혀 둔 게 없다. 문제는 이런 건 누구한테 묻기도 뭣하다는 것이다. '밥이 눋기 전에 불을 꺼라'라거나 '언젠가 크게 데일 날이 올 거야', '목메여 울다', '체중이 분 뒤로 우울해졌다', '바쁘면 얼굴만 비추고 가', '설레이는 마음', '에둘러 가다', '우울할 땐 볕을 쬐여라', '일에 치어 산다'라고 쓰는 게 맞는지 틀리는지 누구한테 묻고 어디에서 확인한단 말인가(모두 잘못된 표현이다).

오랜 시간 교정지와 씨름하면서 우리말 동사만 다루고도 제법 흥미롭게 읽을 수 있는 책이 한 권쯤 있으면 좋겠다는 생각을 해 오면서도 누군가 자격을 갖춘 분이 써 주길 바랐지 내가 쓸 생각은 감히 하지 못했는데, 막상 제안을 받고 보니 살면서 한 번쯤은 뻔뻔해져도 괜찮겠다 싶어졌다.

그렇게 겁도 없이 원고 작업을 시작했다. 사전을 뒤져 뜻풀이를 확인하고 예문을 찾으면서 알았다. '누군가 자격을 갖춘 분'이 왜 아직까지 나타나지 않았는지. 이건 지식이 아니라 끈기가 필요한 일인 데다, 명사처럼 사람들이 잘 몰랐던 내용이나 재미있는 이야기를 엮기도 어려워 기껏해야 풀어 쓴 사전이 되는 게 고작이었다. 거꾸로 말하면 애써 만들어도 잘 팔리지 않을 책이 될 거라는 의미였다. 고민이 시작되었다. 제안을 냉큼 받아들였으니 기대에 부응하지는 못할지언정 적어도 그 근처에라도 가야 할 텐데, 괜스레 잘 읽히지도 않을 책을 내놓고 나는 할 만큼 했노라고 자위만 하는 건 아닌가 싶어 짜증이 날 정도였다.

고민 끝에 표제어는 찾기 쉽도록 사전처럼 배열하되 예문을 통해 한 편의 이야기를 읽을 수 있게 만들면 어떨까 하는 꼼수를 떠올렸다. 그렇게 이 책의 1부가 쓰였다. 예외가 없는 건 아니지만 대체로 동사의 뜻풀이와 활용형을 밝혔고 예문을 통해 기본형이 어떻게 활용되는지 확인할 수 있도록 꾸몄다. 그리고 각각의 예문이 연결되어 '남자와 여자 이야기'가 되도록 짰다. 이야기와 함께 우리말 동사의 쓰임을 일별할 수 있으리라는 깜냥에서였다. 그런 다음 2부에서 좀 더 헷갈리는 동사들을 만난다면 적어도 덜 지루하게 읽을 수 있는 데다, 좀 과장하자면 심화 학습까지 가능하지 않을까 싶었다. 실제로 그리된다면 더 바랄 게 없겠다.

사족을 달자면 이 책에 '이러이러하게 쓴다' 또는 '이러이러하게 쓰지 않는다'라고 단정 지어 표현한 부분 앞에는 '표준어 규정에 따르면'이 생략되었음을 밝혀 둔다. 말과 글은 되도록 자유롭게 하고 쓰며 누리는 게 최선이라고 생각한다. 그러지 못했던 우리말의 아픈 역사를 돌아보면 더더군다나 그렇다. 다만 한 번쯤 내가 쓰는 말의 규정을 살펴 알아 두는 것도 나쁠 건 없으리라. 물론 글을 쓰거나 남의 글을 다듬는 일을 하는 분들이라면 '알아 둬서 나쁠 것 없는' 정도에 그쳐선 안 되겠지만.

부족한 것 많은 사람에게 선뜻 책을 쓰라고 제안해 주고 이런저런 의견을 보태며 독려해 준 데다 '동사의 맛'이라는 맛깔스러운 제목까지 지어 준 편집자에게 고맙다는 말을 전한다. 교정과 디자인을 맡은 분들께도 이 자리를 빌려 고맙다는 인사를 하고 싶다. 이분들 덕분에 거칠고 밋밋한 원고가 깔끔하고 보기 좋은 책이 되었다. 추천사를 써 주신 분들께는 고마움을 넘어 마음의 빚을 진 기분이다. 부디 그분들에게 누가 되지 않기를 바란다.

끝으로 어울리지 않게 실용서의 등장인물이 되었으면서 이

름조차 얻지 못한 '남자와 여자'에게 본문에서 미처 표현하지
못한 마음을 전하고 싶다.

차례

1부 가려 쓰면 글맛 나는 동사

2부 톺아보면 감칠맛 나는 동사

1부 가려 쓰면 글맛 나는 동사

가다
오다

가니 오고, 오니 간다.

쓰고 보니 가는 게 먼저인가 싶은데 살고 죽는 일에선 오는 게 먼저다. 와야 갈 수 있으니까. 돌아가는 사람은 있어도 돌아오는 사람은 없잖은가.

'왔다 갔다 하다'나 '오면가면'이라는 표현이 있는 걸 보면 말에서도 오는 게 먼저인가 싶기도 하다.

'오면가면'은 '오면서 가면서'의 준말로 '오다가다'라는 뜻이다. 오기도 하고 가기도 한다는 뜻을 표현하려면 '오며 가며'라고 써야 한다.

"이제 갈게요." 하고 나서도 아쉬워 뭉그적뭉그적했단다. 도서관에서 만난 남자 얘기다. 여자도 안타까워 어느새 얼굴 가득 그늘이 졌다. 몸은 몰라도 마음만은 서로 말고는 달리 갈 데가 없으니 헤어지고 나면 오갈 데 없는 신세가 되는가 싶어 차마 발길이 떨어지지 않았다고. 함께했던 시간조차 온데간데없어지는 것 같아 마음까지 오그라들었다니 둘째가라면 서러울 만큼 못생긴 마음이 따로 없다.

'오갈 데 없다'는 띄어 쓰지만 '온데간데없다'는 붙여 쓴다. '첫째가다, 둘째가다'도 붙여 쓴다.

가다듬다
간추리다

정신을 가다듬고 옷매무새를 가다듬고 목청을 가다듬는다. 그런가 하면 여기저기 널브러진 서류들을 간추리고 복잡한 생각을 간추리고 원고 내용을 간추린다.

'가다듬다'와 '간추리다' 모두 흐트러진 것을 바로잡거나 바르게 한다는 뜻을 지니지만, 마음가짐이나 태도, 자세를 바로 할 때는 가다듬는다고 하고 생각이나 글의 내용, 물건 따위를 정리할 때는 간추린다고 한다. 그러니 문장은 가다듬는다기보다 다듬고 그 내용은 간추린다고 쓰는 것이 자연스럽다.

삶의 태도는 물론 정신도 가다듬어야 할 때가 있다. 쉰을 코앞에 두고 문득 그런 생각이 들었다. 그와 더불어 이제까지 살면서 벌여 놓은 것들 또한 간추릴 때가 되었노라고. 남이 쓴 글을 손보고 다듬으며 살아오는 동안 그 모든 낱말을 그저 남의 것이라고 여겨 왔는데, 과연 그럴까 싶다. 낱말부터 간추려 보는 건 어떨까.

그렇게 도서관 생활이 시작되었다.

도서관에 앉아 국어사전을 들척이다가 한 남자를 만났다. 내 또래인 데다 인생 후반전을 맞아 몸과 마음이 가눌 길 없이 흐트러져 보이는 것도 나와 크게 다르지 않았다. 게다가 남자도 『표준국어대사전』을 들척이는 것이 아닌가.

뭐지, 저 남자는?

가로막다

가로새다

사람이든 비밀이든 이야기든 옆길로 샐 때가 있다. 사람은 슬그머니 빠져나가고 비밀은 누군가 발설하고 이야기는 맥락에서 벗어나 옆길로 샌다. 가로샌 사람은 실망을 남기고 가로샌 비밀은 노여움을 불러일으키며 가로샌 이야기는 맥 빠지게 만든다.

모든 사람을 내 곁에 잡아 둘 수 없고 내가 입 밖에 낸 말이 끝까지 비밀로 남기를 바랄 수 없는 것처럼 이야기 또한 옆길로 새는 걸 막을 수는 없다.

어릴 때 친구들은 시간이 지나면서 하나둘 가로새고, 목숨을 바쳐서라도 지킬 것 같던 비밀들은 어느새 가로새 한낱 이야깃거리에 지나지 않게 되듯, 삶의 이야기 또한 무수한 옆길을 만나 이리저리 가로새면서 이어져 간다.

남자의 이야기를 들으며 나는 가로새는 삶의 이야기들을 떠올렸다. 언젠가는 이야기들만 남고 남자도 나도 모두 삶의 무대에서 슬그머니 가로새겠지.

이렇게 가로새는 것들은 가로막아 봐야 헛일이리라.

가르다
가리다

여자는 검은콩과 누런 메주콩을 뒤섞곤 했단다.

"밥에 섞인 콩을 가려내는 아이를 콩과 친해지도록 연습시
키려는 게 아니었습니다."

남자는 말했다. 머리가 허옇게 센 여자의 어머니가 거실
바닥에 앉아 여자가 섞어 준 콩을 색깔별로 다시 갈라내곤
했다고.

"어머니 표정이 무서울 정도로 진지했노라고 말했죠."

퍼즐도 맞춰 보게 하고 양말짝도 맞춰 보게 해 봤지만 어
머니가 질려 하지 않고 오래 하는 건 콩을 갈라내는 일뿐이
었단다. 어머니가 콩을 갈라내는 동안만은 여자도 더는 마음
졸일 일 없이 창밖을 바라보며 이 생각 저 생각에 잠길 수 있
었다고.

"'결국 나 편하자고 한 거예요.'라고 습관처럼 말했어요. 늘
그렇게 말했죠."

'가려내다'는 여럿 가운데서 하나를 구별해 고른다는 뜻인
'가리다'에서 왔고, '갈라내다'는 쪼개거나 나누어 따로따로 되
게 한다는 뜻인 '가르다'에서 왔다. '가리다'는 '가려, 가리니,
가리는, 가린, 가릴, 가렸다'로, '가르다'는 '갈라, 가르니, 가르
는, 가른, 가를, 갈랐다'로 쓴다. 그러니 밥에 섞인 콩을 골라내
는 것은 가려내는 것이고, 색깔별로 콩을 갈라서 나누는 것은

갈라내는 것이다.

정작 가려내고 갈라내야 할 삶의 맥락들은 모두 까맣게 잊은 채 콩을 갈라내는 일에만 몰두하는 노모의 모습을 상상하노라니 가슴이 먹먹해진다.

가름하다
갈음하다

'가름'은 쪼개어 나누거나 승부를 정하는 것이고, '갈음'은 다른 것으로 대신하는 것이다.

"인생의 성패를 가름하는 것은 여러분의 투지와 불굴의 정신임을 이 자리에서 다시 한 번 강조하는 것으로 치사를 갈음하겠습니다."

남자는 이런 말을 귀에 못이 박히도록 들었단다.

"당신도 그랬나요?"

남자가 내게 묻는다. 그랬던가?

그때 교장 선생님의 말을 귀담아들어야 했을까. 아니, 그보다 인생의 성공과 실패를 가름하는 기준이 무엇인지 물어야 했을까. 당신들이 생각하는 성공은 과연 무엇이고 실패는 또 무엇이냐고. 반감의 표현을 그저 멀거니 먼 산을 바라보는 것으로 갈음하지 말아야 했을까. 멀거니 먼 곳만 바라보는 내 습관은 그때 얻은 걸까.

가만두다
가만있다

'가만있다'라는 동사가 이토록 잔인한 말이 될 줄 누가 알았으랴.

텔레비전을 보는 내내 나는 가만있었다. 가만있지 않겠다고, 책임자들을 가만둘 수 없다고 다짐하는 성난 목소리들을 들으면서도 나는 그 자리에 붙박인 듯 가만있었다. 따져 보니 이 땅에서 성인으로 산 지 삼십 년이 다 되었다. 가만두어서는 안 될 대상에 내가 포함되지 않을 이유를 찾지 못했다. 그래서 가만있기로 했다. 마치 물속 깊은 곳에서 들려오는 명령에 따르기라도 하듯 그렇게 가만가만 가라앉기로 했다.

가시다
부시다

집안일 중에서도 설거지를 할 때 마음이 편하다. 차분히 가라앉는 것 같다고나 할까.

그래서인지 밥을 먹고 나면 그릇들을 개수통에 담가 놓지 않고 바로 부시곤 한다. 몇 개 안 되는 그릇을 부실 때도 그 나름대로 개운하지만, 손님을 치르고 나서 잔뜩 쌓인 그릇들을 혼자 하나둘씩 부실 때면 마음이 더 좋다. 마치 텁텁한 입 안을 가시는 것 같달까. 그릇들을 부시면서 우울감도 가셔 내고 불안도 가셔 낸다고 여기는 모양이다. 아니면 삶을 그런 식으로 가셔 내고 싶은지도 모르고. 그런데 삶이 부시거나 가실 수 있는 것일까.

'가시다'는 물 따위로 깨끗이 씻는다는 뜻으로 '가셔, 가시니, 가시는, 가신, 가실, 가셨다'로 쓰고, '부시다'는 그릇 따위를 씻어 깨끗하게 한다는 뜻으로 '부셔, 부시니, 부시는, 부신, 부실, 부셨다'로 쓴다.

간당이다
간댕이다

느슨하게 달려 있는 작은 물체가 위태롭게 흔들릴 때 '간당간당하다' 또는 '간댕간댕하다'라고 한다. 물건 따위를 많이 써서 거의 남지 않거나 목숨이 얼마 남지 않은 상태가 된다는 뜻으로도 많이 쓰인다.

둘은 각각 '간당이다'와 '간댕이다'에서 온 표현인 듯한데, '간당이다'와 '간댕이다'에는 느슨하게 달려 있는 작은 물체가 위태롭게 흔들린다는 뜻밖에 없다. '간당간당' 또는 '간댕간댕'이 되면서 물건이나 목숨이 얼마 남지 않았다는 뜻이 더해진 모양이다.

하긴 느슨하게 달려 있는 작은 물체가 자꾸만 흔들린다면 곧 떨어질 것 같을 테니 얼마 남지 않았다고 여기게 되는 것이 자연스럽겠다. 실제로 간당간당하다, 간댕간댕하다 하고 발음해 보면 정말이지 마음이 어딘가에 걸려 흔들리다가 곧 낙엽처럼 떨어져 내릴 것만 같다.

생각해 보니 남자와 여자에게 어울릴 만한 낱말이다. 서로의 존재를 모른 채로 살던 때는 간당이는 삶이었다면 두 사람이 만나면서 간당간당해진 셈이니까.

간(을) 보다
깐보다

음식이 싱거운지 짠지 맛볼 때 간을 본다고 한다. 흔히 남의 속을 떠보거나 일이 되어 가는 형편을 속으로 가늠해 볼 때 '간 보다'를 쓰는데, 이는 '깐보다'라고 써야 맞는다.

국어사전에서 명사 '깐'을 찾아보면 '일의 형편 따위를 속으로 헤아려 보는 생각이나 가늠'이라고 나온다. 그러니 '깐보다'는 '깐'에 '보다'가 붙어 생긴 동사인 셈이다.

간도 보고 깐도 보지만 간을 보는 건 음식을 만들 때 필요한 일이고, 깐보는 건 형편이 내게 이로운지 해로운지를 판단할 때 하는 일이다.

그런 의미에서라면 남자와 여자는 서로 깐볼 일은 없었겠다. 내게 이로운지 해로운지를 헤아렸다면 그런 관계는 아예 시작조차 하지 않았을 테니까. 나 또한 남자는 물론 그가 들려주는 이야기를 깐보고 싶지 않다. 하긴 내게 이롭고 해로울 게 뭐 있다고.

간지럽히다
간질이다

"혹시 간지럼 타요?"

여자가 물었다.

"간지럼요? 갑자기 그건 왜요?"

남자가 되물었다.

"그냥, 언제 한번 간질여 보고 싶어서요."

"날 간지럽히겠다고요? 당신은 간지럼을 전혀 안 타는 모양이죠?"

"안 타긴요, 중학교 땐 기절할 뻔한 적도 있는걸요. 그래서 당신은 어떨지 궁금해요."

'간지럽게 하다'라는 뜻을 지닌 표준어는 '간질이다'뿐이었는데, 2011년 8월에 '간지럽히다'도 표준어로 인정되었다. '살갗을 간질이는 바람', '발바닥을 간지럽히는 짓궂은 손길' 모두 어법에 맞는 표현이 되었다.

간혹 '간지르다'라고 쓰기도 하는데, '간지르다'는 '소금에 절이다'라는 뜻을 지닌 지역 말이다. '간질이다'보다 발음하기 편해서이거나 '간질이다'가 '간질러, 간지르니'로 쓰이는 줄 알고 '간지르다'라고 잘못 쓰는지도 모르겠다. '간질이다'는 '간질여, 간질이니, 간질이는, 간질인, 간질일, 간질였다'로 쓴다.

감치다
깁다

바늘과 실이 있다. 실을 바늘귀에 꿰고 옷감을 꿰맨다. 굵고 큰 바늘에 굵은 실을 꿰고 두꺼운 헝겊을 맞댄 뒤 이불 홑청을 호듯 듬성듬성 꿰매기도 하고, 가늘고 작은 바늘에 가는 실을 꿰고 바짓단을 접은 뒤 바늘땀이 밖으로 드러나지 않게 꿰매기도 한다. 옷감을 이어 붙인 뒤 바지 안쪽에 세로로 난 바늘땀처럼 안쪽에서 마치 용수철을 꿰듯 감아 꿰매기도 하고, 해진 자리에 다른 옷감을 대고 꿰매기도 한다. 그런가 하면 천 사이에 솜을 넣고 죽죽 줄이 가게 박음질하듯 꿰맬 때도 있다. 순서대로 쓰면 시치고, 공그르고, 감치고, 깁고, 누빈 것이다. 시치는 일은 시침질, 공그르는 일은 공그르기, 감치는 일은 감침질, 깁는 일은 기움질, 누비는 일은 누비질이라고 한다.

바늘과 실이 지난 자리엔 바늘땀과 함께 이렇듯 낱말도 남는다. 하물며 사람이 지난 자리야. 시친 듯 지난 사람이 있는가 하면 감친 듯 지난 사람도 있고, 공그른 듯 지나는가 하면 기운 듯 지나기도 하며, 때로는 온통 누비고 다니는 사람도 있으리라.

드물지만 바늘과 실이 사람 몸을 지난 자리도 있다.

어머니의 가슴과 왼쪽 종아리에는 각각 스무 땀과 서른 땀의 꿰맨 자국이 남아 있다. 꽉 막힌 관상 동맥 대신 다리의 혈관을 떼어 내 심장에 연결한 흔적이다.

"사람 몸을 이렇게 누더기처럼 만들어 놓고, 의사들은 참……." 하면서 어머니는 고개를 젓는다. 목숨을 건졌는데 그깟 바늘땀이 대수냐고 나는 무심히 대꾸해 버리지만, 생각해 보면 기가 막히기도 하다. 남이 입을 옷을 짓느라 평생 바느질을 해 온 양반이, 누군가 당신 몸에 한 땀 한 땀 바느질을 하리라곤 상상도 못 했을 것 아닌가.

　어머니 몸에 남은 바늘땀을 보고 "바느질 솜씨가 영 형편없네." 하고 내가 짓궂게 놀리면 "그러엄, 이게 누더기처럼 기운 거지 무슨 바느질이니. 이렇게 해 가지고는 밥 먹고 살기 힘들어야." 하며 어머니는 언제 시무룩했냐는 듯 깔깔 웃는다.

　'감치다'는 '감쳐, 감치니, 감치는, 감친, 감칠, 감쳤다'로, '깁다'는 '기워, 기우니, 깁는, 기운, 기울, 기웠다'로 쓴다.

갖다
갖추다

'갖다'는 손이나 몸 따위에 지니거나 자기 것으로 한다는 뜻을 지닌 '가지다'의 준말이다. '갖고, 갖는, 갖도록' 등 활용할 때 '갖'을 자음 앞에서는 쓸 수 있지만 모음 앞에서는 '갖어, 갖으니, 갖을, 갖으려고' 등으로 쓸 수 없다. 그 대신 본말인 '가지다'로 바꾸어 '가져, 가지니, 가질, 가지려고'라고 쓴다.

'갖추다'는 필요한 자세나 태도 따위를 취하거나 지켜야 할 도리나 절차를 따르는 것처럼 있어야 할 것을 가지거나 차릴 때 쓴다. 예의를 갖추고 자격을 갖추고 기본적인 절차를 갖추는 것처럼.

그러니 단순히 어떤 것을 취할 때는 갖는다고 하고 어떤 기준에 따라 요구되는 바를 가지거나 차릴 때는 갖춘다고 한다. 가령 '예의를 갖추려면 우선 자세부터 바르게 가져라', '어떤 태도를 갖고 면접에 임하는지를 보면 지원자의 자격을 갖추었는지 가릴 수 있다'처럼 쓴다.

혈기 왕성하던 젊은 시절, 남자는 갖고 싶은 것이 많았단다. 많이 가질수록 더 다양한 자격을 갖출 수 있다고 믿었다나. 하지만 가지면 가질수록 갖고 싶은 것이 점점 늘어나더라고. 몸과 마음이 다 지쳤을 때에야 남자는 자신이 갖추어야 할 것과 가진 것은 별개라는 사실을 깨달았다고 했다.

같이하다
함께하다

부사 '같이'와 '함께'에 '하다'가 붙어 동사가 된 경우다. 경험이나 생활 따위를 얼마 동안 더불어 할 때나 서로 어떤 뜻이나 행동을 공유할 때 쓴다. 운명이나 고난 또는 생사를 함께하거나 같이하기도 하지만, 때로는 생활이나 의견, 술자리를 같이하거나 함께하기도 한다.

그런데 '같이'와 '함께'가 부사로 쓰이면서 강조될 때는 '하다'와 붙여 쓰지 않는다. 가령 '식사는 따로 하실 건가요 아니면 함께 하실 건가요?', '뭐든 같이 할 수 있어야 친구지'라고 쓴다.

남자와 도서관 생활을 함께한 건 여름이 시작될 무렵부터였다. 십수 년 동안 출판 외주 교정자로 일하다가 일 년 정도 쉬어 볼 요량으로 일을 그만두고 도서관에 다니며 그간 다루었던 낱말들을 정리하던 중이었다. 『표준국어대사전』을 뒤적이는 남자가 자연 눈에 들어왔다. 무엇보다 남자가 떡하니 사전을 차지하고 있으니 여간 신경 쓰이는 게 아니었다. 하는 수 없이 통성명을 하고 도서관 식당에서 저녁도 같이했다. 남자도 딱히 시간 보낼 일이 없었는데 잘됐다며 내 작업에 손을 보태겠으니 함께하는 게 어떻겠느냐고 제안했다. 단, 조건이 있었다. 자신의 이야기를 들어 달라는 것이었다. 막상 남자가 그렇게 나오니 괜한 짓을 하는 것 같아 좀 찜찜했다.

"무슨…… 이야기를……."

개다
개키다

날씨나 우울하고 언짢은 마음이 활짝 개고, 옷이나 이불을 차곡차곡 개고, 흙을 곱게 갠다.

옷이나 이불을 갤 때만 '개다'와 '개키다'를 같이 쓴다.

'개(어), 개니, 개는, 갠, 갤, 개었(갰)다'로 바뀌니 '개이다'로 쓸 까닭이 없다. 그러니 푸치니의 오페라 『나비 부인』에 나오는 아리아 「어떤 개인 날」은 「활짝 갠 어느 날」 정도로 바꿔 쓸 만하겠다.

우울감이 심해지면 남자는 몇 날 며칠을 새벽녘까지 잠들지 못하고 힘들어했단다. 그러던 어느 날 아침에 눈을 떠 보니 천장이 마치 활짝 갠 하늘처럼 새파랗게 보이더라고. 이미 병원 치료까지 받아 본 지인은 그럴 때가 더 무서운 거라고 잔뜩 겁을 주었지만, 어쨌든 남자에게 그날은 우울감으로 늘 우중충하던 궂은 날들 속에서 반짝하고 '활짝 갠 어느 날'이었다.

거꾸러지다
고꾸라지다

남자만 그런 건 아니어서 나 또한 하루에도 몇 번씩 마음이 거꾸러지고 고꾸라진다. 써 놓고 보니 두 낱말의 차이가 분명하게 구별되지 않아 다시 한 번 거꾸러진다.

국어사전에는 거꾸로 넘어지거나 엎어지는 것은 거꾸러지는 것이고, 앞으로 고부라져 쓰러지는 것은 고꾸라지는 것이라고 나온다. '고꾸라지다'보다 '거꾸러지다'가 꺾이거나 뒤집히는 느낌을 더 분명하게 갖는 모양이다. '거꾸러지다'에만 '세력 따위가 힘을 잃거나 꺾여 무너지다'라는 뜻이 더 있는 것도 그 때문인 듯하고.

앞으로 고꾸라졌지만 아직 거꾸러진 건 아니라고 말할 수 있으려나.

거두다
걷다

곡식이나 열매 따위를 수확하거나 흩어져 있는 물건을 한데 모으거나 좋은 결과나 성과를 올릴 때 거둔다고 한다. '들이다'를 붙여 '거두어들이다'라고 쓰기도 한다.

'걷다'는 이 '거두다'의 준말이기도 하지만 다르게도 쓰인다. 거닌다는 뜻을 제외하면, '늘어진 것을 말아 올리거나 가려진 것을 치우다, 깔려 있는 것을 접거나 개키다, 일이나 일손을 끝내거나 멈추다'라는 뜻과 '구름이나 안개 따위가 흩어져 없어지다, 비가 그치고 맑게 개다'라는 뜻으로도 쓰인다.

소매를 걷어붙이고 땀 흘려 일해 본 게 언제였는지 남자는 가만히 헤아려 본다. 그동안 밥벌이로 해 온 일은 몸을 많이 움직일 일이 아니었던지라 소매를 걷어붙일 일이 그다지 많지 않았다. 그만 걷어치우고 싶은 적이 한두 번이 아니었지만 그때뿐, 먹고산다는 핑계로 예까지 왔다. 이젠 쉰을 코앞에 둔 나이인지라 몸을 부려 가며 일하고 싶어도 누가 써 줄지조차 의문이다.

'하긴 꼭 돈벌이에만 몸을 쓰라는 법은 없지.' 하고 남자는 생각한다. 언젠가 여자를 걷어안고 둘이 기거할 집으로 갈 수 있다면 소매를 걷어붙이고 함께 땀 흘려 일해 볼 수 있을 테니까. 남자는 거미줄을 걷고 여자는 치마를 걷어지른 채 낡고 삭은 발을 걷어들겠지. 급할 것 없으니 중간에 일을 걷어매고 평상에 앉아 땀을 식혀도 좋고. 그때가 되면 이 지질한 삶도 그만 걷어치울 수 있겠지.

　'거두다'는 '거두어(둬), 거두니, 거두는, 거둔, 거둘, 거두었 (뒀)다'로, '걷다'는 '걷어, 걷으니, 걷는, 걷은, 걷을, 걷었다'로 쓴다. 특히 '걷다'는 앞의 문장에서처럼 '걷어들다, 걷어매다, 걷어붙이다, 걷어안다, 걷어지르다, 걷어치우다'와 같이 다양한 동사와 결합해 새로운 단어가 되었다. 모두 붙여 쓴다.

거스르다
거슬리다

에스컬레이터를 타고 전철역으로 내려가는데 반대편에서 지인이 올라오는 게 보였다. 나도 모르게 몸을 돌려 내려가는 에스컬레이터를 거슬러 올랐다. 몇 걸음 오르고 나서 내가 바보짓을 하고 있다는 걸 깨달았다. 하는 수 없이 다시 몸을 돌려 에스컬레이터를 타고 내려간 다음 반대편으로 옮겨 타고 지상으로 올라가 지인과 인사를 나누었다.

내 꼴이 꽤 우스워 보였을 것이다. 누군가에게는 그런 내 꼴이 무척 거슬렸을 테고.

함부로 거스르는 행위는 사람들을 거슬리게 하지만 그렇다고 내 것 같지도 않은 흐름에 몸을 맡기고 평생을 보낼 수는 없으리라. 어차피 거스를 거면 마음 단단히 먹고, 거슬려 하는 눈초리들은 신경 쓰지 말아야겠지.

나는 그저 에스컬레이터를 거슬러 오른 데 불과했지만 남자와 여자는 사정이 달랐다. 사회가 정한 규범을 거스르려 했으니까. 둘 다 더 모질었다면 각자의 가족에게 더 큰 상처를 주고 그들을 저버렸을지도 모른다. 그러니 그저 단단히 마음먹고 거슬려 하는 눈초리들은 신경 쓰지 않으면 그뿐인 상황은 아니었겠지. 괜스레 내 마음이 다 오그라든다.

일이 돌아가는 상황이나 흐름과 반대되거나 어긋나는 태도를 취한다는 뜻인 '거스르다'는 '거슬러, 거스르니, 거스르는,

거스른, 거스를, 거슬렀다'로 쓰고, 순순히 받아들이지 않고 언짢은 느낌이 들며 기분이 상한다는 뜻인 '거슬리다'는 '거슬려, 거슬리니, 거슬리는, 거슬린, 거슬릴, 거슬렸다'로 쓴다.

거치다
걸치다

한 권의 책을 만들기란 여러 사람의 손을 거쳐야 하는 데다 제법 긴 시간이 걸리는 일이기도 하다. 수년에 걸쳐 다양한 과정을 거쳐야 비로소 제 꼴을 갖추는 책도 있다.

교정과 교열을 보는 일도 그렇다. 기본으로 삼세번을 보고도 만족스럽지 못하면 네 번, 다섯 번도 봐야 한다. 가령 '삼 년에 걸쳐 완성한 원고'라는 표현은 어쩐지 좀 어색하다. 이럴 땐 '삼 년에 걸친 작업 끝에 완성한 원고'라고 바꾸어야 마음이 놓인다.

내게 책 만드는 이야기를 듣고 나서 남자는 엉뚱하게도 바다로 흘러드는 강물 이야기를 들려주었다.

"수많은 물굽이를 거쳐 바다에 이른 강물은 조금도 망설이지 않고 바다 속으로 흘러드는 걸까요? 저 높은 산의 작은 샘에서 흘러내리기 시작해 마침내 바다에 이르기까지 오랜 시간에 걸쳐 쉼 없이 달려온 데다, 바다에 이를 만큼 거센 물살을 이루는 데만도 적지 않은 시간이 걸렸을 텐데 그 모든 노력을 수포로 돌리기가 과연 그리 쉬울까요? 바다로 흘러들고 나면 더 이상 강물로 남을 수 없고 도무지 테두리를 알 수 없는 세상에서 스스로도 테두리를 잃게 되는데……."

남자의 이야기를 듣는 동안 내 몸이 마치 어딘가로 거칠 것 없이 흘러드는 기분이었다.

오가는 도중에 어디를 지나거나 들른다는 뜻인 '거치다'는
'거쳐, 거치니, 거치는, 거친, 거칠, 거쳤다'로 쓰고, 일정한 횟
수나 시간, 공간을 거쳐 이어진다는 뜻인 '걸치다'는 '걸쳐, 걸
치니, 걸치는, 걸친, 걸칠, 걸쳤다'로 쓴다.

거치적거리다
걸리적거리다

　남자는 옷 말고는 무엇이든 몸에 두르는 걸 몹시 거추장스러워한다. 요즘은 여성뿐만 아니라 남성들도 제법 착용하는 귀걸이나 목걸이는 물론 시계도 차지 않는다.

　옷도 특별한 날이 아니면 같은 걸 내내 입을 때가 많아 차림새가 크게 달라지지도 않는다. 명절이나 기념일이 돌아오는 걸 성가셔하고 사람 만나는 일도 귀찮아한다. 살면서 즐길 만한 대부분의 일들을 거치적거리고 걸리적거리는 것으로 치부하는 셈이랄까. 이렇게 살아도 될까 싶었던 때도 있지만, 자신과 똑같은 삶을 살아온 여자를 만나고 나서 알게 되었단다. 그게 바로 자신의 삶이라는 걸.

　'거치적거리다'나 '걸리적거리다' 둘 다 사람에게 쓸 표현은 못 된다. 일이나 물건은 거치적거리거나 걸리적거린다고 말할 수 있지만 사람은 귀찮게 군다고 해야지 거치적거린다고 말하는 건 슬픈 일이니까.

　'걸리적거리다'는 2011년 8월에 표준어가 되었다.

건너다
건네다

건너편으로 건너가고 건너서고 건너뛴다. 건너다닐 수 있도록 건너지른 다리 덕분이다. 다리가 없었다면 건너편을 그저 건너다보며 건너짚기만 했으리라. 건너갈 수 없으니 더 애태웠을 테고 그럴수록 이쪽에 서 있는 나는 점점 더 초라해졌으리라. 결국엔 저쪽으로 건너가는 것만이 이쪽의 추레한 삶에서 벗어나는 길이라고 믿게 되었을 테고.

하지만 정작 다리를 건너지르고 보니 저쪽에서 이쪽으로 건너오려는 사람이 보인다. 그 사람도 나처럼 이쪽을 건너다보며 건너오지 못하는 신세를 한탄하고 이쪽을 잘 알지도 못한 채 건너짚기만 했으리라.

두 사람이 다리를 건너가고 건너오면서 서로 무슨 말을 건네주고 건네받을까.

'건너가다, 건너다니다, 건너다보다, 건너뛰다, 건너서다, 건너오다, 건너지르다, 건너짚다' 그리고 '건네받다, 건네주다' 모두 붙여 쓴다.

건너뛰다
걸러뛰다

돌다리는 건너고 식사는 거른다. 때로는 건너뛰기도 하고 걸러뛰기도 한다. 도랑을 건너뛰고, 아침 먹고 점심은 거른 채 저녁으로 걸러뛰는 것처럼. 개울물을 건너뛰고, 과장에서 차장을 거치지 않고 부장으로 걸러뛰는 것처럼.

'건너뛰다'는 일정한 공간을 사이에 두고 건너편으로 뛴다는 뜻이고, '걸러뛰다'는 차례를 거치지 않고 거르고 뛰어넘는다는 뜻이다. 그런데 '걸러뛰다'에는 건너뛴다는 뜻이 없는 반면 '건너뛰다'는 걸러뛴다는 뜻도 갖는다. 낱말 하나가 뜻을 독식한 셈이다.

"둘을 가려 쓴다면 하나를 걸러뛰지 않아도 될 텐데……."

"그렇죠?"

"그런데…… 차례를 거치지 않고 거르고 뛰어넘는다는 걸러뛰다의 뜻은 좀 걸리는군요."

남자가 갑자기 시무룩해져서 말했다.

"제자리에서 묵묵히 차례를 지키는 사람이라면 걸러뛰는 게 마뜩잖을 수도 있겠죠."

"그게 아니라…… 나를 보고 그런 생각을 했을 법한 사람이 갑자기 떠올라서요."

종잡을 수 없는 말이었다. 마치 나를 남겨두고 남자 혼자 어딘가로 훌쩍 건너뛰기라도 한 것처럼.

걷다
걸다

걸어가고, 걸어 다닌다. '걸어가다'는 붙여 쓰고, '걸어 다니다'는 띄어 쓴다. 마치 혼자 걷기도 하고 둘이 나란히 걷기도 하는 것처럼.

큰 걸음으로 기운차게 걷노라면 자연 팔도 휘젓게 되지만, 늘쩡거리며 터덜터덜 걷노라면 걷는다기보다 거니는 느낌이 들기도 한다.

누군가와 나란히 걸으면서 걸음의 보폭은 물론 마음의 보폭까지 맞아 서로 조금도 불편해하지 않고 대화를 나눌 수 있다면 두 사람은 오랫동안 같이 걸을 수 있으리라. 함께 걸어가고, 걸어 다니고 싶은 사람.

그런가 하면 벽에 그림을 걸고 전화를 걸고 약속을 하느라 새끼손가락을 건다.

'걷다'는 '걸어, 걸으니, 걷는, 걸은, 걸을, 걸으면, 걷도록, 걸었다'로, '걸다'는 '걸어, 거니, 거는, 건, 걸, 걸면, 걸도록, 걸었다'로 쓴다.

도서관 근처 식당에서 남자와 함께 김치찌개를 먹었는데 눌은밥이 나왔다. 남자가 물었다.

"눌은밥의 '눌은'은 '눌다'에서 온 건가요?"

구수한 눌은밥을 떠먹으며 내가 말했다.

"아니요, '눋다'가 기본형입니다."

"눋다라…… 그럼 '눋은밥'이 돼야 하는 거 아닌가요?"

"'내가 걸은 길'이라고 하고, '내가 건 전화'라고 하잖아요. 기본형이 각각 '걷다'와 '걸다'이기 때문이죠. 그러니 '눋다'가 기본형이라면 '눋은밥'이 되어야 맞겠죠."

우리말 동사를 쓰면서 가장 골치 아플 때는 받침이 들어간 동사들을 활용할 때다. 하지만 모든 받침이 다 문제가 되는 건 아니다. 기껏해야 ㄷ, ㄹ, ㅂ, ㅅ 정도인 데다, ㄹ, ㅂ, ㅅ은 받침이 사라진다는 것만 문제가 될 뿐이어서 조금만 신경 쓰면 그다지 골치 아플 것 없다.

가령 '놀다'와 '불다'는 각각 '노니, 노는, 논, 노세요, 놉니다, 노오, 놀, 놀아, 놀면, 놀거나, 놀도록'과 '부니, 부는, 분, 부세요, 붑니다, 부오, 불, 불어, 불면, 불거나, 불도록'으로 바뀐다. 그러니까 지난 일을 표현할 때('논', '분')와 자음 ㄴ, '-시-', 그리고 '-ㅂ니다', '-오' 앞에 올 때만 ㄹ 받침이 사라진다.

'돕다'와 '줍다'는 각각 '도와, 도우니, 도운, 도울, 돕는, 돕거나, 돕도록'과 '주워, 주우니, 주운, 주울, 줍는, 줍거나, 줍도록'으로 바뀐다. 모음 앞에 올 때만 ㅂ 받침이 사라진다. 단, '도와'나 '주워'처럼 ㅂ 받침이 'ㅗ'나 'ㅜ'로 바뀌는 것만 다를 뿐이다.

'잇다'와 '낫다'는 각각 '이어, 이으니, 이은, 이을, 잇는, 잇게, 잇도록'과 '나아, 나으니, 나은, 나을, 낫는, 낫게, 낫도록'으로 바뀐다. 여기서도 마찬가지로 모음 앞에 올 때만 ㅅ 받침이 사라진다.

문제는 ㄷ 받침이 들어가는 동사들이다. 그중에는 다행스럽게도 전혀 문제 될 게 없는 동사들도 있다. '굳다'는 굳게 받침을 지키고(굳어, 굳으니, 굳은, 굳을, 굳도록), 땅에 묻는다는 뜻의 '묻다' 또한 받침의 변화 같은 건 아예 땅속 깊숙이 묻어버린다(묻어, 묻으니, 묻은, 묻을, 묻도록).

　문제가 되는 건 거닌다는 뜻의 '걷다'를 비롯해 '눋다', '듣다'와 질문한다는 뜻의 '묻다' 그리고 '붇다', '싣다' 등 활용할 때 ㄷ과 ㄹ 받침을 모두 거느리는 동사들이다.

　하지만 이들 단어도 한 가지만 주의하면 그다지 까다로울 것 없다. 자음 앞에서만 원래 받침인 ㄷ을 고수한다는 원칙이다. 실제로 '묻다'는 모음 앞에서는 '물어, 물으니, 물은, 물을, 물으면'으로 바뀌지만 자음 앞에서는 '묻게, 묻는, 묻도록, 묻자마자'로 쓰고, '싣다' 또한 모음 앞에서는 '실어, 실으니, 실은, 실을, 실으면'으로 바뀌지만, 자음 앞에서는 '싣게, 싣는, 싣도록, 싣지'로 쓴다.

　'눋은밥'은 왜 '눋은밥'이나 '눋는밥'이 아닌지, '국수가 붇면'이나 '체중이 붇면'은 어떻게 써야 맞는지 헷갈릴 때도 이 원칙만 적용하면 쉽게 이해된다. '눋다'는 '눌어, 눌으니, 눋는, 눌은, 눌을, 눋게, 눋도록'으로 바뀌고, '붇다'는 '불어, 불으니, 붇는, 불은, 불을, 붇게, 붇도록'으로 바뀐다.

걷잡다
겉잡다

'걷잡다'는 거두어 잡는 걸 말하고, '겉잡다'는 겉으로 대강 짐작하여 헤아리는 걸 말한다. 거두어 잡는 것과 겉만 잡는 것의 차이가 두 낱말을 가르는 셈이다.

'걷'과 '겉'의 차이 못지않게 '잡다'의 차이도 중요하다. '걷잡다'에 쓰인 '잡다'는 기세나 형세 따위를 손 안에 틀어쥐는 걸 말하고, '겉잡다'의 '잡다'는 헤아리는 걸 말하니까.

'아무리 겉잡아도 일주일은 넘게 걸릴 일을 하루 이틀 만에 해치우려다가 결국 걷잡을 수 없는 사태를 초래하고 말았다'에서처럼 '걷잡다'는 주로 '걷잡을 수 없게 되다'의 형태로 쓴다.

걷잡을 수 없는 게 어디 형세나 기세뿐인가. 생각이나 마음도 그렇다. 감당하기 어려운 파도가 몰아닥치면 마음은 이리 쏠리고 저리 쏠려 도무지 거두어 잡을 수 없게 된다. 말도 마찬가지여서 문장은 난파되기 직전의 배처럼 방향을 잃고 낱말은 배에서 떨어져 나온 잔해들처럼 이리저리 떠다닌다.

이렇게 국어사전을 들척이게 된 것은 낱말이라도 붙잡고 있으면 완전히 가라앉지는 않을 것 같아서였을까. 그렇다면 남자는 지금 몸부림을 치고 있는 것인가. 그냥 가라앉고 싶어 할 줄 알았는데, 어떻게든 걷잡고 싶은 모양이다. 아무래도 내가 그를 겉잡았던가 보다.

게우다
토하다

먹은 것을 삭이지 못하고 도로 입 밖으로 내어놓을 때 게운 다고도 하고 토한다고도 한다. 그런데 '게우다'에는 '부당하게 차지했던 남의 재물을 도로 내어놓다'라는 뜻이 따로 있고, '토하다'에도 '밖으로 내뿜다, 느낌이나 생각을 소리나 말로 힘 있게 드러내다'라는 뜻이 있다.

그러니 '게우다'와 '토하다'를 같이 쓸 수 있는 경우는 먹은 것을 도로 입 밖으로 내어놓을 때뿐이다. 뇌물로 받은 돈을 도로 내놓을 땐 게운다고 하지 토한다고 하지 않고, 피나 신음은 토한다고 하지 게운다고 하지 않으며, 열변 또한 토한다고 하지 게운다고 하지 않는다.

피를 토해 본 적은 없지만 울음을 토해 본 적은 있다. 그것도 사십 대 중반에 가족들이 다 보는 앞에서. 왜 그랬는지는 기억하고 싶지 않다. 엉엉 꺼이꺼이 울었다.

"덕분에 한 가지 배운 건 있어요. 그렇게 울고 나면 속이 후련해진다는 말…… 믿지 않게 되었으니까요. 마치 신물까지 다 게워 냈을 때처럼 몸의 기운은 물론 마음의 기운까지 다 빠져나가 껍데기만 남은 느낌이더라고요."

내 말에 남자는 한동안 아무런 대꾸도 하지 않더니,

"그럼…… '토하다'와 '게우다'가 한 몸에 있었던 셈이네요." 하고 말하고는 슬그머니 시선을 돌렸다. 내 무안함을 덜어 주려고 던진 농담이었다.

"그러네요."

나는 헛헛하게 웃었다. 내가 웃는 걸 보더니 남자도 웃기 시작했는데, 헛헛하게 시작한 웃음이 주체할 수 없을 만큼 커져서 나중에는 둘 다 어깨를 들썩이며 낄낄, 키득키득 웃게 되었다. 남자와 나는 그렇게 나란히 앉아 그야말로 속이 후련해질 때까지 웃어 젖혔다.

겹질리다
접질리다

고등학교 때 오른쪽 발목을 심하게 접질린 적이 있다. 금방 퉁퉁 부어오르더니 발을 디딜 수도 없을 만큼 아팠다. 다행히 여름 방학 중이어서 집에서 충분히 쉴 수 있었지만 대신 꼼짝없이 갇혀 지내야만 했다. 그 뒤로 발목이 조금씩 틀어져 삼십 년이 지난 지금도 오래 걸으면 오른발이 불편하다. 그런데 가끔 겹질렸다는 표현을 접할 때가 있어 헷갈리곤 한다. 나는 그때 접질린 걸까 아니면 겹질린 걸까. 국어사전을 찾아보니 이렇게 나온다.

> **겹질리다** 몸의 관절이나 근육이 제 방향대로 움직이지 않거나 지나치게 빨리 움직여서 다치다.
> **접질리다** 심한 충격으로 지나치게 접혀서 삔 지경에 이르다.

'접질리다'에만 동사 '삐다'의 의미가 포함돼 있다. 그렇다면 접질린 게 맞겠군. '겹질리다'는 아마도 요즘 말하는 인대 파열 같은 것이 아닐까.

"정확하게 구별하지도 못하면서 굳이 이 두 낱말을 고른 건 쓰임 때문이에요. '겹지르다'나 '접지르다'가 아니니 '겹질러'나 '접질러'로 쓸 수 없고 '겹질려'나 '접질려'로 써야 맞죠. 은근히 헷갈리기 쉽거든요."

"그러니까······ '겹질려, 겹질리니, 겹질리는, 겹질린, 겹질릴, 겹질렸다'와 '접질려, 접질리니, 접질리는, 접질린, 접질릴, 접질렸다'로 쓴다는 거죠?"

남자가 물었다.

"정확합니다."

"발음하기가 쉽지 않아서 그런지 꼭 혀가 접질리는 느낌이네요."

그렇게 말하고 남자는 빙그레 웃었다. 한 번 같이 웃어 젖히고 나니 웃는 얼굴이 금방 익숙해졌다. 처음엔 단 한 번도 웃어본 적이 없는 사람 같아 어색하고 민망하더니.

"생각 밖인걸요. 이 대목에선 혀가 아니라 마음을 말할 줄 알았는데······."

"마음요?"

"네, 접질리거나 겹질리는 게 어디 몸의 근육이나 관절만이겠는가, 때로는 마음의 근육이나 관절도 접질리고 겹질려 옴짝달싹 못하게 될 때도 있다, 뭐 이렇게 말할 줄 알았거든요."

남자의 표정이 굳어지는 걸 보면서 그제야 나는 '내 혀야말로 접질리고 겹질렸구나.' 하고 자책했다.

공글리다
궁굴리다

'공글리다'는 바닥 따위를 단단히 다지거나 일을 틀림없이 잘 마무리하거나 흩어져 있는 것을 가지런히 한다는 뜻이다. 반면 '궁굴리다'는 어떤 사물을 이리저리 굴리거나 이리저리 돌려서 너그럽게 생각하거나 좋은 말로 구슬린다는 뜻이다.

학비를 벌려고 공사 현장에서 일할 때였는데, 콘크리트를 들이부을 때면 늘 '공구리 친다'라고들 말해서 '콘크리트'의 일본식 발음인가 했더랬다. 이제 생각해 보니 '공글리다'라고 말했던 것인가 보다. 이왕이면 좋게 생각하고 싶다.

'공글리다'는 '공글려, 공글리니, 공글리는, 공글린, 공글릴, 공글렸다'로, '궁굴리다'는 '궁굴려, 궁굴리니, 궁굴리는, 궁굴린, 궁굴릴, 궁굴렸다'로 쓴다. 특히 '공글리다'는 '공그르다'로 잘못 쓰기 쉬운데, 앞서 '감치다/깁다' 항목에서 살펴봤듯이 '공그르다'는 바늘땀이 겉으로 드러나지 않게 꿰매는 걸 말하니 가려 써야겠다.

아무리 궁굴려 봐도 자신의 지난 삶은 뭐 하나 제대로 공글린 적 없는 헛된 시간이었노라고 남자는 말했다. 여자를 만난 시간이 그나마 의미 있는 시간이었는데, 그마저도 더 이상 지속할 수 없는 시간이 되어 버렸다고.

무슨 이야기를 들어야 하느냐고 내가 물었을 때, 남자는 대답 대신 내게 결혼했느냐고 되물었다.

"아직…… 미혼입니다."

"다행이군요."

내가 결혼하지 않은 게 다행이라는 말처럼 들렸다.

"결혼하지 않은 게 다행이란 말이 아니라, 제 이야기를 들려드리기가 편할 것 같다는 뜻입니다."

남자는 이십 대 후반에 결혼해서 이 년 만에 이혼했노라고 말했다.

"죽고 못 살 것처럼 좋아했던 여자를 죽이고 싶을 만큼 미워하는 데 딱 일 년 걸리더군요."

그 뒤로는 줄곧 혼자 지냈다. 사랑이 미움으로 바뀌는 데는 일 년 걸렸지만, 그걸 받아들이는 데는 꼬박 십 년이 걸렸노라고 남자는 말했다. 그리고 사십 대 중반에 한 여자를 만났다. 남편이 있는 여자를.

괴다
꾀다

'괴다'에는 뜻이 많다.

1. 물 따위의 액체나 가스, 냄새 따위가 우묵한 곳에 모이다.
2. 입에 침이 모이거나 눈에 눈물이 어리거나 하다.
3. 술, 간장, 식초 따위가 발효하여 거품이 일다.
4. 화가 나거나 억울하거나 하여 속이 부글부글 끓는 듯하다.
5. 사람이 많이 모이거나 하여 북적거리다.
6. 기울어지거나 쓰러지지 않도록 아래를 받쳐 안정시키다.
7. 의식이나 잔칫상에 쓰는 음식이나 장작, 꼴 따위를 차곡차곡 쌓아 올리다.
8. 웃어른의 직함을 받들어 쓰다.

대개 '모이다, 어리다, 맺히다, 받치다, 쌓다' 등의 뜻으로 쓰이니 동사 하나에 참으로 다양한 뜻이 괴어 있는 셈이다. 흔히 책상다리를 괴고 손바닥으로 턱을 괸다고 말할 때 쓰는 '괴다'는 6번에 해당하는 쓰임이다. '괴(어), 괴니, 괴는, 괸, 괼, 괴었(괬)다'로 쓴다. '괴이다'가 아니니 '괴여'나 '괴였다'라고 쓰지 않는다. 반면에 '고이다'는 '고여'나 '고였다'가 맞는다.

'꾀다'는 그럴듯한 말이나 행동으로 남을 속이거나 부추겨서 자기 생각대로 이끌거나, 벌레 따위가 한곳에 모여들 때 쓴다. '꾀(어), 꾀니, 꾀는, 꾄, 꾈, 꾀었(꽸)다'로 쓸 수 있다. 이 또한 '꾀이다'가 아니니 '꾀여'나 '꾀였다'라고는 쓰지 않는다.

　오목한 곳엔 물이든 흙이든 괴기 마련이다. 사람의 마음 또한 그렇게 오목해질 때가 있는 모양이다. 마음속에 무언가 괴어 흘러넘칠 것만 같을 때가 있으니까. 남자가 내게 자신의 이야기를 들려준 것도 그 때문이 아닐까. 마음속 가득 괴어 마침내 흘러넘치는 것을 막을 수 없어서.

귀담아듣다
귀 기울여 듣다

'귀담아듣다'는 붙여 쓰고 '귀 기울여 듣다'는 띄어 쓴다. 둘 다 띄어 쓴다고 해서 뜻이 안 통하는 건 아니지만 어법으로는 그렇다.

혈액형으로 사람을 규정하는 게 한창 유행할 때, 남자는 경우의 수를 따지자면 사주팔자보다 못하다고 비웃었단다. 그런데 다시 생각해 보니 사람의 생김새는 물론 성격이나 가치관, 사고방식, 태도, 이야기 따위를 규정하는 잣대들도 그리 다양한 건 아니었다. 게다가 혈액형과 달리 분명한 근거도 없는 것들이었다. 그러니 도망가 숨기에 얼마나 좋은 곳인가. 주소도 없고 지도에도 나오지 않는 은신처랄까.

쉰을 앞두고 남자는 더 이상 자신의 것이라고도 할 수 없는 헛된 잣대들 속에 숨지 말자고 마음먹었다. 그러자 자신이 가장 소중하게 생각하는 사람의 말을 하염없이 귀담아듣고 싶어졌다. 아무런 판단이나 평가도 내리지 않고 하루가 되었든 석 달 열흘이 되었든 십 년이 되었든 하염없이 듣고 싶어졌다. 세상에는 그보다 가치 있는 일이 더 많을 거라고 믿었는데 이젠 그것 말고는 달리 생각나는 것이 없었다. 먹고사는 일도 핑계가 될 수 없고 신념이니 가치관 같은 것도 피난처가 될 수 없을 만큼 간절한 일. 그건 바로 그 사람의 이야기를 귀담아듣고 귀 기울여 듣는 일이었다.

비록 그 이야기가 도덕적으로 옳지 못하고 맥락에 닿지 않더라도, 유려하지 못하고 속절없이 끊기더라도, 우물 저 깊은 곳에서 울려오는 소리처럼 우렁우렁하더라도, 그 이야기야말로 세상에서 단 한 사람, 오직 자신에게만 들려주는 이야기이고 오직 자신만이 들을 수 있는 이야기일 테니 그 이야기를 듣는 일보다 더 가치 있는 일은 없으리라. 입으로도 하고 눈빛으로도 하고 표정으로도 하고 심지어는 온몸으로도 하는 그 이야기를 귀로도 듣고 눈으로도 듣고 표정으로도 듣고 온몸으로도 듣고 싶었다.

꿈꾸다
꿈 깨다

꿈은 꾸기도 하고 깨기도 한다. '꿈꾸다'는 붙여 쓰고 '꿈 깨다'는 띄어 쓴다. 마치 꿈속으로 잠겨 들었다가 밖으로 빠져나오는 것처럼.

하루짜리 여행을 꿈꾼 적이 있다. 이건 남자 얘기가 아니라 내 얘기다.

비행기를 타고 새벽 어스름에 체코 공항에 내려 바로 택시를 잡아타고 프라하 시내로 향한다. 여행객 티를 내서는 안 된다. 하긴 누가 나를 여행객으로 보겠는가. 잘 봐줘야 동양의 이름 모를 나라에서 온 산업 연수생쯤이겠지.

시내의 허름한 빵집에서 바게트를 사고 가판대에서 신문도 한 부 산 뒤 노점 카페를 찾는다. 출근 전의 여유를 만끽하는 직장인들 틈에 끼어 에스프레소 한 잔에 아직 따끈한 빵을 씹으며 신문을 읽는다. 마치 처리해야 할 사무가 남은 것처럼 관공서와 보험 회사에서 번호표를 받아 차례를 기다리며 홍보용 잡지를 뒤적거리기도 하고, 출판사 영업 사원처럼 서점을 찾아 판매대에 쌓인 책들을 이리저리 훑어보기도 한다. 점심을 먹고는 근처 공원을 산책한 뒤 버스를 타고 시내를 한 바퀴 돈다. 서점에서 산 두 권의 책, 카프카의 첫 책『관찰』과 쿤데라의『농담』을 천천히 읽으면서.

내가 하루 중 가장 좋아하는 오후 4시 무렵, 적당한 피로와 적당한 허기 그리고 적당한 권태가 찾아드는 그 시간에 광장을 어슬렁거리다가 일몰이 찾아들 즈음, 강 저편에서 이쪽으로 다리를 건너 퇴근하는 차량들을 무심히 바라보고는, 나 또한 퇴근하는 직장인인 듯 서둘러 비행기를 타고 집으로 돌아온다.

가능하지 않은 여행이라는 건 나도 잘 안다. 그래서 꿈꾸었다고 하지 않았는가. 아마도 내가 서 있는 곳의 반대편을 프라하라고 부르고 싶었던 모양이다. 집도 아니고 거리도 아닌 그곳을 꿈꾸었던 모양이다.

생각해 보니 마흔아홉 해를 살면서 나는 아직 여권을 만들어 본 적이 없다. 심지어 비행기도 못 타 봤다. 이런 농담 같은 삶을 살면서 프라하라니. 꿈을 꾸고 있는 것이 분명하다.

끼치다
미치다

영향을 주는 걸 끼친다고도 하고 미친다고도 한다. 다만 '끼치다'에는 영향이나 작용, 은혜 말고도 걱정이나 불안 따위의 괴로움을 준다는 뜻도 있으니 가려 써야겠다. 가령 '영향을 끼치다'는 '영향을 미치다'로 쓸 수 있지만, '폐를 끼치다'를 '폐를 미치다'로 쓰면 어색하다.

미치는 건 상대에게 가닿는 것이면서 상대에게 몰두하는 것인 동시에 정신을 잃는 것이기도 하다. 안타까운 일이지만, 어떻게 미치든 상대는 전혀 신경 쓰지 않을 수도 있다. 그러니 미칠 뿐이다.

반면 끼치는 건 소름이 끼치고 냄새가 끼치듯이 상대의 촉각과 후각을 온전히 사로잡는 것이다. 그러니 단지 미치는 데 머물 수 없다. 무언가 훅 하고 끼쳐 오면 누구든 모르는 척할 수 없을 테니까. 가령 남자에게 훅하고 끼치듯 다가온 운명처럼.

나가다
나아가다

안에서 밖으로 나가고, 뒤에서 앞으로 나아간다. 집 밖으로 나가고, 세상으로 나아가듯이.

나가면서 나아가지 않을 수도 있고 거꾸로 나아가면서 나가지 않을 수도 있다. 집 안에 틀어박혀 목표한 바를 이루기 위해 애쓸 때도 있고, 늘 집 밖으로 나가지만 나아갈 방향은 딱히 없을 때도 있으니까.

그저 습관일 뿐인지 아니면 집 안에 있기가 답답해서인지 늘 집 밖으로 나가지만 어제와 오늘이 별반 다르지 않으니 어딘가로 나아간다는 느낌은 들지 않는다. 모든 곳이 한데 같다고나 할까. 이렇게 낱말을 주물럭거리며 하루하루를 보낼 뿐이니 나아가는 것이라곤 기억에서 니은으로 나아가는 낱말뿐이라고 말할 수 있으려나.

나누다
노느다

'나누다'는 하나를 둘 이상으로 가르거나 여러 가지가 섞인 것을 구분해 분류하거나 말이나 의견을 주고받거나 음식을 함께 먹을 때 쓴다. 반면 '노느다'는 여러 몫으로 갈라 나눌 때만 쓴다.

'나누다'는 '나누어(눠), 나누니, 나누는, 나눈, 나눌, 나누었 (눴)다'로, '노느다'는 '노나, 노느니, 노느는, 노는, 노늘, 노났 다'로 쓴다.

'나누다'의 당하는 말은 '나뉘다'와 '나누어지다' 두 가지다. '나뉘어지다'라고 쓸 때가 있는데, 어법에도 맞지 않을뿐더러 무엇보다 낱말을 몇 겹으로 접어 놓은 것처럼 보여 지나치다.

우리말 동사의 당하는 말은 기본형에 '-이-, -히-, -리-, -기-'를 붙여 만들기도 하고, '-아(어)지다'를 붙이거나 일부 명사 뒤에 '-당하다, -되다, -받다' 등을 붙여 만들기도 한다. 단, 어떤 경우든 두 번 당하게 만드는 것은 어법에도 어긋나고 말도 일그러지니 삼가는 게 좋다. 그러니 '-이-, -히-, -리-, -기-'가 붙어 당하는 말이 된 동사에는 '-아(어)지다'나 '-당하다, -되다, -받다'를 붙이지 않는다.

"그런 경우가 많은가요?"

"생각보다 많이 고치게 되더라고요. 가령 '찢다'에 '-기-'를 붙인 '찢기다'에 다시 '-어지다'를 붙여 '찢겨지다'라고 쓴다거나 '부르다'에 '-리-'를 붙인 '불리다'에 다시 '-어지다'를 붙여 '불려지다'라고 쓰고, '보다'에 '-이-'를 붙인 '보이다'에 다시 '-어지다'를 붙여 '보여지다'라고 쓰는가 하면 '잊다'에 '-히-'를 붙인 '잊히다'에 다시 '-어지다'를 붙여 '잊혀지다'라고 쓰는 식이죠."

"그럼 '남겨지다'도 그런 경우인가요?"

"'남겨지다'는 '남기다'가 '남다'의 당하는 말이 아니라 시키는 말인 데다 '남겨지다'가 '남다'의 당하는 말도 아니니 문제 될 것이 없죠. '이루다'와 '이루어지다'도 마찬가지구요."

동사의 당하는 말은 우선 기본형이 당하는 말을 만들 수 있는 낱말인지를 살피고, 그럴 수 있다 하더라도 두 번 당하는 말이 되지 않도록 주의해서 써야겠다.

나다
낳다

여자는 암에 걸렸다. 이제까지 살면서 병원이라곤 애를 낳느라 가 본 게 유일했다. 치료를 받으면서 머리카락이 한 주먹씩 빠지고 욕지기도 났다. 하지만 여자는 애를 낳을 때처럼 꿋꿋하게 그 모든 고통을 이겨 냈다. 차츰 우선해지자 빠진 머리카락도 다시 나고 입맛도 조금씩 돌아왔다.

머리카락은 나고 병은 낫고 애는 낳는다. '나다'는 '나, 나니, 나는, 난, 날, 나서, 났다'로, '낫다'는 '나아, 나으니, 낫는, 나은, 나을, 나아서, 나았다'로, '낳다'는 '낳아, 낳으니, 낳는, 낳은, 낳을, 낳아서, 낳았다'로 쓴다. '머리카락이 다시 날 무렵, 병이 나을 무렵, 애를 낳을 무렵'이라고 쓰고 '머리카락이 다시 났다, 병이 나았다, 애를 낳았다'라고 쓰는 것처럼 '낳다'의 첫 글자 '낳'은 어떤 상황에서도 바뀌지 않는다. 다만 '낫다'는 '낫게, 낫고, 낫는, 낫도록'과 같이 자음 앞에 올 때만 '낫'을 유지한다.

'낳'의 받침 ㅎ은 ㄱ, ㄷ, ㅈ과 같이 거센소리로 바뀌는 자음 앞이나 'ㄴ' 앞에 올 때를 제외하면 소릿값이 두드러지지 않아서, 말할 때 생각만 하면 어법에 맞게 쓰기가 쉽지 않으니 주의해야겠다.

나다
내다

'나다'와 '내다'는 그 자체로 각각 하나의 동사이지만 보조 동사나 접미사로도 쓰인다. '이겨 내다'나 '참아 내다'에서처럼 '-아(어) 내다'가 보조 동사로 붙는다면 붙여 쓰고 때에 따라서는 띄어 쓸 수도 있지만, 명사 뒤에 붙어 새로운 낱말을 만든 경우라면 반드시 붙여 써야 한다.

명사에 '-나다'와 '-내다'가 붙어 동사가 된 낱말을 찾고 있는데, 남자가 손을 보태겠다며 나섰다.

"그거야말로 아무 생각 없이 시간 보내는 데 그만이겠군요."

"그래도 그다지 재미있는 일은 아닐 텐데요."

걱정이 돼서라기보다 그저 예의를 차리느라 건넨 말이었는데 남자의 표정이 어두워졌다.

"재미만 따진다면…… 제가 지금 살아 있을 이유가 없습니다."

이러니저러니 길게 늘어놓아야 서로 좋을 것 없겠다 싶어 "그럼 나누어서 찾아볼까요?" 하고 내가 제안했다.

'-나다'가 붙어 동사가 된 경우(남자가 찾았다)

감질나다, 거듭나다, 건혼나다, 겁나다, 게염나다, 겨울나다, 결나다, 결딴나다, 결말나다, 결판나다, 골나다, 광나다, 구경나다, 구역나다, 굴축나다, 궐나다, 귀나다, 기갈나다, 기억나다, 길나다, 끝나다, 끝장나다, 난봉나다, 낯나다, 냄새나다, 너덜나다, 노망나다, 녹나다, 단물나다, 달창나다, 덧나다, 독나다, 독살나다, 동나다, 땀나다, 마주나다, 면나다, 몸서리나다, 무면나다, 미립나다, 바닥나다, 바람나다, 방나다, 벋나다, 병나다, 부도나다, 불나다, 불볕나다, 불티나다, 빛나다, 뿔나다, 사출나다, 살인나다, 살판나다, 새수나다, 샘나다, 생각나다, 생색나다, 생혼나다, 선나다, 성나다, 성질나다, 세나다, 셈나다, 소문나다, 소수나다, 손해나다, 쇠나다, 쌍심지나다, 애나다, 야단나다, 약비나다, 알나다, 엄발나다, 열나다, 요절나다, 욕심나다, 욕지기나다, 윤나다, 의심나다, 이름나다, 자드락나다, 작살나다, 재미나다, 정분나다, 조각나다, 줄나다, 진력나다, 천세나다, 철나다, 초상나다, 축나다, 충나다, 층나다, 탐나다, 틈나다, 판나다, 패나다, 피나다, 해나다, 헛김나다, 혼꾸멍나다, 혼나다, 혼바람나다, 혼쭐나다, 화나다, 흠나다

'-내다'가 붙어 동사가 된 경우(내가 찾았다)

감내다, 감질내다, 겁내다, 게염내다, 게정내다, 결내다, 결딴내다, 결말내다, 결판내다, 골내다, 광내다, 끝내다, 끝장내다, 낯내다,

내내다, 덧내다, 뒤내다, 면내다, 모내다, 모양내다, 바닥내다, 바람내다, 받내다, 방내다, 병내다, 부도내다, 불내다, 빚내다, 빛내다, 뽐내다, 뿔내다, 살인내다, 샘내다, 생색내다, 선내다, 성내다, 성질내다, 세내다, 소문내다, 속내다, 요절내다, 욕심내다, 윤내다, 일내다, 작살내다, 조각내다, 진력내다, 체내다, 축내다, 탐내다, 퇴내다, 틈내다, 한턱내다, 혼꾸멍내다, 혼내다, 혼쭐내다, 화내다, 흠내다, 힘내다

'-나다'만 붙는 경우

거듭나다, 건혼나다, 겨울나다, 구경나다, 구역나다, 굴축나다, 궐나다, 귀나다, 기갈나다, 기억나다, 길나다, 난봉나다, 냄새나다, 너덜나다, 노망나다, 녹나다, 단물나다, 달창나다, 독나다, 독살나다, 동나다, 땀나다, 마주나다, 몸서리나다, 무면나다, 미립나다, 벋나다, 불볕나다, 불티나다, 사출나다, 살판나다, 새수나다, 생각나다, 생혼나다, 셈나다, 소수나다, 손해나다, 쇠나다, 쌍심지나다, 애나다, 야단나다, 약비나다, 얄나다, 엄발나다, 열나다, 욕지기나다, 의심나다, 이름나다, 자드락나다, 재미나다, 정분나다, 줄나다, 천세나다, 철나다, 초상나다, 층나다, 층나다, 판나다, 패나다, 피나다, 해나다, 헛김나다, 혼바람나다

'-내다'만 붙는 경우

감내다, 게정내다, 내내다, 뒤내다, 모내다, 모양내다, 받내다, 빛
내다, 뽐내다, 속내다, 일내다, 체내다, 퇴내다, 한턱내다, 힘내다

단, '뿔나다'는 '화나다, 성나다'의 뜻으로 쓸 때만 붙여 쓰고
'뿔 난 소'처럼 '머리에 뿔이 돋치다'의 뜻으로 쓸 때는 띄어 쓴
다. '조각나다', '조각내다'는 붙여 쓰지만 '산산조각 나다', '산
산조각 내다'는 띄어 쓴다.

나대다
나서다

'어른 앞에서 함부로 나대지 마라'라고 할 때 쓰는 '나대다'는 깝신거리고 나다닌다는 뜻이다. '나부대다'와 같은 말로도 쓰이는데, 이때는 얌전히 있지 못하고 철없이 촐랑거린다는 뜻이다.

한편 '나서다'는 앞이나 밖으로 나와 서거나 어떤 일에 적극적으로 참여하며 간섭할 때 쓴다. 그러니 엄밀히 따지자면 함부로 나댄다는 말은 철없이 촐랑거린다는 뜻이지 함부로 나서서 간섭한다는 뜻은 아니다.

어디서든 나대는 일은 삼가야겠지만 나서는 일이야 필요하다면 주저할 이유가 없지 않을까. 성인이 된 뒤로 나댄다는 말은 한 번도 들어 본 적 없지만 정작 나서야 할 때 나서지 못하고 우물쭈물한 적은 적지 않다. 그래서 우유부단하다는 말을 넘어 심지어는 의지박약자라는 말까지 들은 적도 있다. 내가 이렇게 된 데에는 나서는 걸 나대는 것으로 여겼던 탓도 있는 것 아닐까.

"매사에 적극적으로 나서지 못하고 자신감을 잃는 모습이 싫어서 끊임없이 자기 암시를 하곤 했죠. 그 덕분인지 소극적이라거나 소심하다는 말은 들어 본 적 없어요. 그런데 마음은 편치 않더군요. 남의 옷을 입고 있는 기분이랄까. 괴리감이 커지면서 우울증이 생기기도 했구요. 그 사람을 만나고 알았습니다. 자신감이니 긍정적인 생각이니 하는 것들이 내 삶의 유일한 변수가 아니었다는 걸 말이죠. 자신감과 긍정적인 생각이 부족해서 문제가 생겼으니 그것들만 채우면 문제가 말끔히 해결될 것처럼 말들 하지만, 트라우마에 사로잡혀 옴짝달싹못하는 사람이 아니라면 그런 경우는 드물잖아요. 정말 '나'를 바꾸려면 괜히 자신감이니 긍정적인 생각 운운하면서 자신의 부족한 점을 감추려 들 게 아니라, 내 변수가 무엇인지 정확히 알아야겠죠."

변수라······. 남자의 말에 나는 아무런 대꾸도 하지 않고 한참 동안 그의 얼굴을 쳐다보기만 했다.

나르다
날다

이삿짐은 나르고 비행기는 난다.

이삿짐을 날라 본 경험은 제법 되지만 비행기를 타고 하늘을 날아 본 적은 없어서 과연 어떤 기분인지 아직 모른다. 정말이지 말 그대로 하늘을 나는 기분일까.

'하늘을 날으는 기분'이라고 쓰면 정체불명의 말이 되고, '하늘을 나르는 기분'이라고 쓰면 하늘을 떠메고 어딘가로 옮겨 가는 기분이 되니 어색하다. 하늘은 '날아, 나니, 나는' 것이지 이삿짐처럼 '날라, 나르니, 나르는' 것은 아니니까.

혹시나 해서 남자에게 물어봤다. 하늘을 나는 기분이 어떤 거냐고.

"글쎄요." 남자는 시큰둥해하며 말했다. "비행기는 여러 번 타 봤지만 모두 첫 직장인 무역 회사에 다닐 때인 데다 일에 치여서 하늘을 나는 기분을 느끼고 말고 할 처지가 아니었어요. 그러고 보니 순전히 여행 목적으로 비행기를 타 본 건 신혼여행 때뿐이군요."

"그런가요."

"비행기보다는 패러글라이딩이나 스카이다이빙 같은 걸로 하늘을 난다면 하늘을 '나르는' 기분이 들 것도 같은데요. 왠지 하늘을 떠메고 나는 것 같지 않겠어요?"

"그럴까요?"

그렇게 대꾸하고 나서 나는 하늘을 올려다보았다. 매지구름
이 낮게 깔려 어두운 하늘 아래 무언가 날고 있었다. 가만 보니
한둘이 아니었다. 말 그대로 하늘을 떠메고 가려는 듯 떼를 지
어 날고 있었다.

　　"잠자리네요."

　　남자가 말했다.

나타나다
내로라하다

　농촌에 취재를 간 방송 리포터가 산골에서 단둘이 오붓하게 살고 있는 노부부를 인터뷰했다. 오십 년 넘게 해로한 소감을 묻자 할머니가 "영감이 내 앞에 떡하니 나타난 뒤로 그냥 산 거지 뭐." 하고 말했다. 그런데 텔레비전 화면에는 "할아버지와 인연을 맺은 뒤로 지금까지 살아온 거지."라는 자막이 나온다. 프로그램 담당 작가의 지나친 친절에 눈살이 찌푸려졌다.

　초례청에서 마주하기 전까진 할아버지의 존재조차 몰랐을 게 빤한 할머니로서는 할아버지가 당신 앞에 떡하니 나타난 게 아니고 뭐겠는가. 인연을 맺는다는 공허한 표현보다 훨씬 정확하고 맛깔나는 말이다. 어느 날 내 앞에 불쑥 나타난 사람 때문에 내 삶이 완전히 뒤바뀌다시피 하고 그 덕분에 새로운 세상을 만나게 되는 것, 그게 바로 사랑이고 인연 아니겠는가.

　내 앞에 불쑥 나타난 사람은 오직 내게만 의미 있고 특별한 존재지만, 대중에게 이미 잘 알려진 사람이라면 '내로라하는 사람'인 셈이다. '내로라하는'은 옛말 '나이로라하는'의 형태가 오늘날까지 이어져 내려온 말이다. 말하자면 '내가 왔다'라고 말할 수 있는 사람이랄까. 흔히 '내노라하는 사람'이라고 쓰는데 이는 뭘 자꾸 달라는 사람을 이르는 격이거니와 어법에도 맞지 않는다.

날뛰다
널뛰다

날듯이 깡충깡충 뛰거나 함부로 행동하거나 몹시 바쁘게 돌아다닐 땐 날뛴다고 하고, 위아래로 오르내리며 폴짝폴짝 뛸 땐 널뛰는 행위를 빗대 널뛰듯 한다고 한다.

말이나 소가 길길이 날뛰고 시험이 끝났다고 학생들이 기뻐 날뛰고 세상이 어지러워 폭력배가 날뛰는가 하면, 가슴이 콩닥콩닥 널뛰듯 하고 성적이 널뛰듯 하고 주가가 널뛰듯 한다.

하루에도 여러 번 감정이 널뛰듯 한다. 이렇다 할 까닭도 없이 다 잘될 것 같아 공중에 붕 뜨는 기분이었다가도 어느새 곤두박질쳐서는 나락으로 떨어져 내리는 기분에 사로잡히기를 반복한다. 그럴 때면 도무지 다잡을 수 없는 생각들이 머릿속에서 이리저리 날뛰기도 한다. 말하자면 기분은 널뛰고 생각은 날뛴달까. 요즘은 기미가 보인다 싶을 땐 낱말 생각을 한다. 신기하게도 마음이 차분해지고 생각도 정리되는 것 같다. 물론 기분만 그럴 테지만.

내닫다
내딛다

갑자기 밖이나 앞쪽으로 힘차게 뛰어나가거나 어떤 일을 하려고 덤벼들 때 내닫는다고 한다. '결승점을 향해 전속력으로 내닫는 육상선수'라거나 '능력도 모자라면서 무조건 내닫기만 하는 게 네 문제야'와 같이 쓴다.

'내닫다'는 활용할 때 ㄷ 받침과 ㄹ 받침이 같이 쓰이는 경우라, 모음 앞에서는 '내달아, 내달으니, 내달은, 내달을, 내달으면, 내달았다'로 쓰고 자음 앞에서는 '내닫고, 내닫게, 내닫는, 내닫도록, 내닫지'로 쓴다.

한편 '내딛다'는 '밖이나 앞쪽으로 발을 옮겨 이동하다, 무엇을 시작하거나 새로운 범위 안에 처음 들어서다'라는 뜻을 지닌 '내디디다'의 준말이다. '길이 어두워 발을 내딛기가 힘들다', '새로운 삶에 첫발을 내디뎠다'와 같이 쓴다.

'첫발을 내디뎠다'에서 보듯 '내딛다'는 '갖다'와 마찬가지로 모음 앞에서는 본말인 '내디디다'를 활용해 쓴다. 그러니 '내딛고, 내딛는, 내딛도록'으로 쓸 수 있지만, '내딛어, 내딛은, 내딛을, 내딛었다'로는 쓸 수 없고 '내디뎌, 내디딘, 내디딜, 내디뎠다'로만 쓸 수 있다.

이와 같이 활용하는 낱말로는 동사 '머무르다 / 머물다', '서두르다 / 서둘다'가 있고, '서투르다 / 서툴다' 같은 형용사도 있다.

"꼭 그런 예문을 써야만 하나요?"

문장을 쓰고 있는데 등 뒤에서 남자의 목소리가 들렸다.

"'능력도 모자라면서 무조건 내닫기만 하는 게 네 문제야.' 말이에요. 살다 보면 무조건 내닫고 싶을 때도 있는 거 아닙니까?"

"물론이죠. 그렇게 해서 새로운 삶에 첫발을 내디딜 수만 있다면요."

나도 남자에게 지지 않고 당당하게 되받아쳤다.

내려치다
내리치다

   남자는 바보 같은 자신에게 화가 나 하루에도 몇 번씩 주먹으로 무릎을 내려치곤 한다. 언젠가 한번은 주먹으로 제 무릎을 탁 하고 내려치고 씩씩거리며 도서관 건물 밖으로 나갔는데, 어둡지도 않은 하늘에서 마른번개가 번쩍하고 내리쳤다.

   '내려치다'나 '내려찍다'에 붙은 '내려'는 '위에서 아래로 힘껏'이라는 의미를 띤다. '내리치다'나 '내리쬐다'의 '내리' 역시 이와 비슷하지만 '하늘이나 공중에서 아래로'라는 의미가 더 강하다.

   그러니 탁자를 손으로 내리쳤다거나 번개가 내려쳤다고 써도 어색할 건 없지만, 의미를 분명히 가리자면 탁자는 손으로 내려치는 것이고 번개는 내리치는 것이겠다.

너부러지다
널브러지다

　힘없이 너부죽이 바닥에 까부라져 늘어지거나 죽어서 넘어지거나 엎어질 때 너부러진다고 한다. 그런가 하면 너저분하게 흐트러지거나 흩어질 때 또는 몸에 힘이 빠져 몸을 추스르지 못하고 축 늘어질 때 널브러진다고 한다.

　그러니 '너부러지다'는 사람이나 동물에게만 쓸 수 있고, '널브러지다'는 사람이나 동물은 물론 사물에도 쓸 수 있다.

　하루 종일 사전을 뒤적이다 집에 돌아오면 머릿속에 이런저런 낱말들이 제멋대로 널브러지기 일쑤다. 눈도 아프고 몸도 무거울 때면 정말이지 이게 무슨 짓인가 싶기도 하다. 잠을 청하기 위해 소주를 홀짝이다가 소주병이며 안주 나부랭이가 널브러진 방 안에 너부러진 채로 잠이 들 때도 있으니까.

노닐다
놀다

　남자와 내가 다니는 도서관 근처 공원엔 인공으로 조성해 놓은 개울이 있다. 안내문에는 하수 처리장의 방류수를 재활용해 조성한 인공 하천이라고 적혀 있다. 물도 맑아 보이고 풀도 우거진 데다 크고 작은 돌들이 이끼를 뒤집어쓴 채로 모래 바닥을 뒤덮고 있어 물고기들이 꽤 많이 모여 산다. 인위적으로 만든 개울치고는 제법 환경친화적이랄까.

　우리만 그리 생각한 건 아닌 모양인지 여름이 시작될 무렵 백로 한 마리가 개울 근처로 날아와 노닐기 시작하더니 어느덧 제 집처럼 드나들었다. 사람들이 휴대 전화를 들고 사진을 찍어 대며 신기해했다. 그럴 만도 하다. 도시에서 백로와 마주치기가 어디 그리 쉬운가.

　길고 가는 다리로 개울 근처를 사뿐사뿐 걷거나 개울물에 들어가 작은 물고기를 잡아먹기도 하면서 이리저리 노니는 백로의 모습이 퍽 한가로워 보였다. 그 모습을 바라보다가 남자는 슬며시 고개를 돌렸다. 백로가 혼자라는 사실을 깨달았기 때문일까. 아이들이 자전거를 타거나 공놀이를 하면서 신나게 놀고 있는 공원 한쪽에서 한적하게 노니는 백로 한 마리가 남자를 쓸쓸하게 만들었다.

　'노닐다'는 '노닐어, 노니니, 노니는, 노닌, 노닐, 노닐었다'로, '놀다'는 '놀아, 노니, 노는, 논, 놀, 놀았다'로 쓴다.

눈뜨다
눈트다

봄날 아침에 눈떠서 물 한 모금 마시고 밖으로 나가면 앞집 감나무와 대추나무에 어느새 연둣빛 새순이 눈튼 게 보인다. 세상엔 차마 눈 뜨고 보지 못할 모습들도 많고 내가 미처 눈뜨지 못해 알지 못하는 것들도 많다. 하지만 이렇게 봄날에 눈트는 새싹을 볼 수 있다면 눈 뜨고 보지 못할 것들을 봐야 하는 괴로움도, 세상일에 눈뜨지 못하고 미련스럽게 구는 나 스스로도 얼마든지 참아 줄 수 있다. 새싹이 눈틀 때 나 또한 눈뜨면 그만이니까.

눋다
눌어붙다

요즘은 대개 전기밥솥으로 밥을 하니 밥이 눌을 일은 없다.

나는 오래된 압력솥에 쌀을 안치고 밥을 한 뒤에 전기밥솥에 퍼 담아 놓는다. 전기밥솥은 그저 보온밥통 역할만 하는 셈이다. 시간 계산을 잘못해 평소보다 오래 불 위에 올려놓으면 밥이 눋는다. 누렇게 타는 것이다. 때로는 일부러 밥을 눌릴 때도 있다. 눌은밥을 먹고 싶거나 누룽지를 맛보고 싶을 때 그리한다. 밥만 누렇게 타는 건 아니어서 옷을 다릴 때도 자칫 한눈팔면 옷이 누렇게 눋는다.

'눋다'는 모음 앞에서는 '눌어, 눌으니, 눌은, 눌으면, 눌을, 눌었다'라고 쓰고 '밥이 눌을 때 눋내가 난다'라거나 '오래도록 눋게 두어서 고소한 눌은밥을 해 먹었다'와 같이 자음 앞에서는 '눋게, 눋는, 눋도록, 눋지'라고 쓴다.

기억하기 어렵다면 '걷다'를 떠올리면 편하다. '걸어, 걸으니, 걸을, 걸으면'처럼 모음 앞에서는 '걸'이 되지만, '걷게, 걷는, 걷다가, 걷도록, 걷자면'처럼 자음 앞에서는 '걷'이 된다. 국수가 불었다고 할 때의 '붇다'도 마찬가지다.

그런가 하면 껌은 들러붙지만 눌은밥은 밥솥 바닥에 눌어붙는다. '들러붙다'는 '들어붙다'라고도 쓸 수 있지만 '눌어붙다'는 '눌러붙다'라고 쓰면 어법에 맞지 않으니 주의해야겠다.

"눌은밥 집에 가서 김치찌개나 한 번 더 먹을까요?"

내가 남자에게 물었다.

"그럼 이번엔 밥을 좀 더 눋게 해 달라고 할까요?"

남자가 빙그레 웃으면서 답했다. 남자의 웃는 모습이 이제 더는 어색해 보이지 않는다고 생각했는데, 뭔가 이상했다. 뭘까? 남자와 함께 김치찌개를 먹고 눌은밥까지 후루룩 들이켜고 식당을 나오면서 나는 알았다. 오십 줄에 들어서는 사내의 웃는 표정은 결코 자연스러울 수 없다는 것을. 어색해야 마땅하다. 모든 걸 놓아 버리지 않는 이상 어색해야 마땅한 것이다.

눌러듣다
눌러보다

출판사에서 교정 교열 일을 받아 일할 때 재교까지 봤는데도 오자가 제법 나오고 문장도 깔끔하지 못하면 여간 곤혹스러운 게 아니다. 편집자의 얼굴을 제대로 쳐다보지도 못하고 잔뜩 주눅 든 목소리로 "다음부터는 꾹꾹 눌러보겠습니다." 하고 용서를 구하곤 한다.

눌러본다는 말은 이쪽 업계에서 쓰는, 이를테면 은어인 셈이다. 한 자 한 자 눈으로 꾹꾹 누르듯이 확인에 확인을 거듭한다는 뜻일 테다.

하지만 정작 '눌러보다'라는 동사에는 그런 뜻이 없다. 국어 사전에는 '잘못을 탓하지 않고 너그럽게 보다'라는 뜻의 동사라고 나온다. 그러니 "다음부터는 꾹꾹 눌러보겠습니다."라는 말은 "다음부터는 제대로 볼 테니 이번만은 눌러봐 주세요."라고 말해야 어법에 어울리는 셈이다.

'눌러듣다'는 사소한 잘못을 탓하지 않고 너그럽게 들어준다는 뜻이다. 반면 '눌러먹다'나 '눌러앉다'는 같은 집에서 계속 밥을 얻어먹거나, 같은 장소나 직위에 계속 머무르는 걸 말한다.

내가 남자의 말을 눌러듣는 건 함께 사전을 뒤지고 밥을 먹는 사이가 되었기 때문만은 아니다. 내가 남자를 눌러보지 못할 이유가 없기 때문이다. 그저 옆에 앉거나 마주 앉아서 남자의 이야기를 들어 줄 뿐이다. 말하자면 자신의 삶을 스스로 규정하는 데 쓰라고 내 삶을 빌려주는 셈이랄까. 그건 마치 낱말의 풀이가 또 다른 낱말들로 이루어지는 것과 다르지 않다. 사전을 보면 모든 낱말이 분명한 제 뜻을 갖고 있는 것 같지만 사실은 모두 다른 낱말에 기대고 있을 뿐 그 자체로는 이도 저도 아니다. 낱말들이 서로를 눌러보고 눌러들어 주지 않는다면 어떤 낱말도 제 뜻을 가질 수 없을 테니까. 삶 또한 그렇지 않을까. 서로 눌러봐 주고 눌러들어 주면서 의미를 찾는 것일 뿐, 낱낱의 삶은 어차피 다 이도 저도 아니니까.

눕다
엎드리다

눕는 것과 엎드리는 것을 가리지 못할 리야 있겠는가. 눕는 것은 바닥에 등을 대는 것이고 엎드리는 것은 배를 대는 것 아닌가.

"아닙니다."

남자가 내 앞에 사전을 펼쳐 보이며 말했다. 남자가 손가락으로 가리킨 부분을 나는 천천히 읽었다.

눕다 몸을 바닥 따위에 대고 수평 상태가 되게 하다.

남자가 이번엔 ㅇ 항목이 포함된 다른 사전을 펼치고 역시 손가락으로 가리켰다. 그곳엔 '엎드리다'가 풀이돼 있었다.

엎드리다 배를 바닥에 붙이거나 팔다리를 짚고 몸 전체를 길게 뻗다.

"그러니 '엎드리다'는 배를 바닥에 대거나 향하게 하는 것이 맞지만 '눕다'는 반드시 등을 바닥에 대는 것만 뜻하지는 않는 셈이죠."

이상하다 싶었지만 곰곰이 생각해 보니 그럴듯했다. 옆으로 누울 때도 있고 앓아눕거나 몸져누울 때도 있으며 개나 고양이 같은 동물들은 등을 대고 눕기보다 네 다리를 뻗고 비스듬히 누울 때가 더 많으니까. 그뿐인가. 나무나 풀, 들판 심지어는 강물 같은 자연물에도 눕는다는 표현을 쓸 수 있잖은가.

결국 엎드리는 상태를 정확하게 묘사할 때를 빼고는 대부분 '눕다'를 써도 큰 무리는 없는 셈이다. '드러눕다'나 '등을 바닥에 대고 누웠다' 또한 중언부언이 될 이유가 없고.

늦다
늦추다

늑장을 부리다가 지인과의 약속 시간에 늦을 것 같아 뒤늦게 부랴부랴 서두를 때면 차라리 전화를 해서 약속 시간을 늦추는 게 서로 좋지 않을까 싶어진다. 상대를 맥없이 기다리게 하지 않아도 되고 나 또한 괜스레 서두르다가 실수할 일도 없을 테니까.

'늦다'가 동사로 쓰일 때, 시키는 말은 '늦추다'이다. 뒤로 미루는 것이다. 반대는 당기거나 앞당긴다고 말한다.

"약속 시간이야 늦출 수도 있고 당길 수도 있지만, 삶에 주어진 시간은 함부로 당길 수도 늦출 수도 없죠." 남자는 말했다. "그러니 늦을 걱정은 굳이 할 필요가 없지 않을까요. 누군가를 너무 늦게 만났다고 후회하고 그 때문에 함께할 수 없다고 한탄할 필요가 뭐 있겠어요. 언젠가 삶을 마감하기 전에 잠깐이라도 함께할 수 있다면 늦었다고만 할 수는 없지 않겠어요?"

다가가다
다그다

어떤 대상 쪽으로 가까이 갈 때는 다가간다고 하고, 물건을 가까이 옮기거나 시간이나 날짜를 앞당기거나 어떤 일을 서두를 때는 다근다고 한다.

'다가가다'는 '다가가, 다가가니, 다가가는, 다가간, 다가갈, 다가갔다'로, '다그다'는 '다가, 다그니, 다그는, 다근, 다글, 다갔다'로 쓴다.

남자가 여자를 다시 만나려면 좋이 십 년은 기다려야 할지도 모른다. 그때쯤이면 여자에게 다시 다가간다 해도 아무도 상처받지 않으리라고 남자는 믿는다. 아니, 그렇게 바라고 있다. 이제 몸은 더 이상 다가가지 못하고 마음으로만 그 시간을 다그는 일만 남은 것일까. 몸으로 좁히지 못하는 거리를 마음으로만 다그며 조금씩 조금씩 다가가는 시간. '다가가다'와 '다그다'가 남자에게 다그고 다가오는 의미다.

다잡다
다지다

마음을 다잡기도 하고 다지기도 한다. 다그쳐 단단히 잡는 건 다잡는 것이고, 굳게 가다듬는 건 다지는 것이다. 다그쳐야 할 만큼 흔들릴 때는 다잡아야 하고, 흔들릴까 봐 두려울 때는 다져야 한다.

'다지다'에는 고기나 채소, 양념감 따위를 여러 번 칼질해 잘게 만든다는 뜻도 있다. 마음을 다져야 할 때 명상을 하거나 묵상을 하기도 하지만, 고기나 채소를 다지는 것도 괜찮은 방법이겠다. 예전에 어머니들이 빨랫방망이로 빨랫감을 두드렸듯이.

마음을 다잡고 또 다지기 위해 국어사전을 들척이는 남자를 보면서 사는 일을 두고는 함부로 말할 게 못 된다는 생각이 들어 쓸쓸해지기도 하고 쏩쏠해지기도 한다.

닦다
닦달하다

이를 닦고 몸을 닦고 마음을 닦고 학문을 닦는다. 박박 문질러 닦기도 하고 갈고닦기도 한다.

'닦달하다'는 '닦다'와는 '닦'이 들어간다는 공통점만 있을 뿐 전혀 어울릴 것 같지 않은 낱말이다. 실제로 다그친다는 뜻으로 자주 쓴다.

그런데 '닦달하다'에는 '물건을 손질하고 매만지다'와 '음식물로 쓸 것을 요리하기 좋게 다듬다'라는 뜻도 있다. '몸닦달하다'나 '집안닦달하다' 같은 동사가 따로 있는 것만 봐도 닦고 쓸고 다듬고 단속한다는 의미를 금방 떠올릴 수 있다.

요즘은 재래시장에서도 닭이며 생선 따위를 미리 닦달해 포장까지 해서 파니 사 가지고 와서 바로 요리하기에 편하다. 장을 봐서 집으로 돌아오는 길에 골목 한 귀퉁이에 부려진 책장과 의자를 보았다. 이사 가는 집에서 미리 내놓은 모양이다. 아무리 봐도 멀쩡한 것들이라 가져와 닦달하면 유용하게 쓸 수 있지 않을까 궁리하다가 안 그래도 집 안 여기저기 널브러진 책들 때문에 집안닦달을 해야 한다는 데 생각이 미쳐 아쉽지만 포기하고 돌아섰다.

당기다
댕기다

마음이 끌리거나 입맛이 돋거나 무언가를 힘주어 내 쪽으로 끌어올 때 당긴다고 한다. 구미가 당기고 고향 음식이 당기고 밧줄을 당긴다.

'당기다'를 '땅기다'로 쓰기도 하는데, '땅기다'는 '몹시 단단하고 팽팽하게 되다'라는 뜻이니 '당기다'와 섞어 쓸 수 없다. 가령 '겨울이 되면 피부가 땅긴다'라고 써야지 '피부가 당긴다'라고 쓰면 피부가 스스로 당기는 것이니 어색하다. 같은 상황에 흔히 쓰이는 '땡기다'는 아예 어법에 맞지 않은 말이다.

그런가 하면 '장작에 불을 당겼다'라거나 '담배에 불을 당겼다'라고 쓸 때가 종종 있는데, 정확하게 그 뜻을 전하자면 '댕겼다'라고 쓰는 게 맞는다. '댕기다'는 '당기다'의 당하는 말이 아니라, '불이 옮아 붙는다 또는 그렇게 하다'라는 뜻을 지닌 동사다. 담뱃불을 댕기고, 장작에 불을 댕기고, 때로는 마음에도 불을 댕긴다.

'당기다', '댕기다', '땅기다' 모두 '당겨지다', '댕겨지다', '땅겨지다'와 같이 굳이 당하는 말을 쓸 필요는 없다. 마음이나 입맛은 당기는 것이지 당겨지는 것이 아니고 불이 옮아 붙는 것 또한 당할 일이 아닌 데다 '땅기다'는 '팽팽하게 되다'로 이미 당하는 말이어서 그렇다. 다만 '내 쪽으로 끌어온다'라는 뜻의 '당기다'는 '당겨지다'라고 쓸 수 있겠다. 개인적으로는 이때도 구태여 당하는 말을 쓸 필요가 있을까 싶은데…….
'홀리다'처럼 능동과 피동에 모두 써도 크게 무리는 없지 않
을까?

"날 한번 당겨 보세요."

남자가 내 쪽으로 한쪽 팔을 내밀면서 말했다.

"예?"

"그냥 한번 당겨 보시라고요."

뭐에 홀리기라도 한 듯 나는 남자가 시키는 대로 그의 팔을
잡고 앞으로 살짝 당겼다. 남자는 앞으로 쏟아질 듯 휘청하더
니 무언가 곰곰이 생각하는 표정으로 한동안 말이 없었다.

"당겨진 나를 뭐라고 표현할까 생각해 봤는데 아무래도 '당
겨지다' 말고는 달리 표현할 말이 없는걸요."

"그런가요?"

나는 괜스레 내 옷깃을 당겨 보다가 실없이 웃고 말았다.

닿다
대다

서로 맞붙어 빈틈이 없게 되거나 어떤 곳에 이르거나 소식 따위가 전해질 때 닿는다고 한다. 천장이 낮아 머리가 닿고 기차가 목적지에 닿고 기별이 고향집에 닿는다.

'오늘 안에 집에 닿을 수 있을까?'라고 쓰면 이상할 것 없지만 '약속 시간에 겨우 닿아서 왔지 뭐야'라고 쓰는 건 좀 어색하다. 이럴 땐 '약속 시간에 겨우 대서 왔지 뭐야'라고 쓴다.

'대다'는 '닿게 하다, 제공하다'라는 뜻 말고도 '정해진 시간에 맞추다, 어떤 것을 목표로 삼거나 향하다'라는 뜻을 지닌 동사다. 그릇이 뜨거운지 손을 살짝 대 보고 사업 자금을 대고 기차 시간에 대기도 하지만 하늘에 대고 하소연을 하기도 한다.

남자는 지방 소도시에서 여자를 만났다. 둘 다 연고가 없는 곳이었다. 말하자면 중간 지대 같은 곳이랄까. 기차가 역에 닿을 때면 가슴은 뛰었지만 마음은 그렇게 편할 수 없었노라고 남자는 말했다. 혹시나 약속 시간에 대지 못할까 봐 늘 여자보다 일찍 도착하는 기차 편을 예매했고 행여나 기차를 놓칠까 봐 출발 시간보다 삼십 분 일찍 역에 나가 기다리곤 했다. 플랫폼에서 여자를 기다리는 동안 여자가 자신에게 닿기 위해 점점 다가오는 것 같아서 묘하게 흥분되었다고. 그 소도시에서 두 사람은 시래기들깨탕을 먹었다. 만날 때마다 질리지도 않고 꼬박꼬박 시래기들깨탕을 먹었다.

"국물을 떠서 입에 대기도 전에 그 냄새만으로도 우리 둘만의 장소에 온 걸 실감할 수 있었죠. 그 검푸른 국물이 마치 우리를 아무도 모르는 곳으로 가닿게 하는 것만 같았어요."

데다
혼쭐나다

불이나 뜨거운 기운으로 살이 상할 때, 몹시 놀라거나 힘든 일을 겪어 몸서리칠 때 데었다고 한다. 두 번째 뜻은 몹시 혼이 났다는 뜻의 '혼쭐나다'와 비슷하다. '지난번 밤새 술을 마시고 어찌나 혼쭐이 났는지 아주 데었다'와 같이 쓴다.

'데다'는 '데(어), 데니, 데는, 덴, 델, 데었(뎄)다'로 쓴다.

'데다'는 그 자체로 당하는 일인지라 불에 덴 경우든 힘든 일에 덴 경우든 '데이다'라고 쓰지 않는다. 그러니 불에 덴 것이고 힘든 일에 덴 것이지 데인 것은 아니며, '불에 델지도 몰라', '크게 델 날이 올 것이다'라고 써야지 '불에 데일지도 몰라'라거나 '크게 데일 날이 올 것이다'라고 쓰면 어법에 맞지 않는다. 과거형도 물론 '데었다'지 '데였다'가 아니다.

술은 마흔이 넘어 마시게 되었다. 주로 혼자 소주 서너 잔 마시고 잠든다. 그러니 술에 데어 본 적도 없고 앞으로도 그럴 일은 없을 것이다. 하지만 담배는 삼십 년 가까이 피웠다. 언젠가 크게 델 날이 올 것 같아 끊어 보려고 굳게 마음먹곤 하지만 마음처럼 쉽지 않다. 정말이지 한 번 크게 덴 뒤에야 끊게 될까. 남자는 아예 담배를 배우지도 않았다고 한다. 어찌나 부럽던지 나도 모르게 남자의 손을 덥석 잡으며 "잘했네요." 하고 말했다.

도리다
오리다

칼이나 가위로 베어 내는 걸 오린다고 하고, 둥글게 빙 돌려서 베거나 파는 건 도린다고 한다. 설명을 읽어도 두 낱말의 차이가 분명치 않다. 이럴 땐 '내다'를 붙여 보면 그나마 차이가 두드러진다. '오려 내다'와 '도려내다'.

둘 다 베어 내는 것이지만 아무래도 도려내는 쪽이 빙 돌려서 파 낸다는 의미가 더 강하다. '가위로 종이를 도린다'라고도 할 수 있고 '환부를 오려 냈다'라고도 할 수 있지만, '종이를 오려 냈다'라거나 '환부를 도려냈다'라고 쓰는 게 덜 어색하다.

신문에 실린 기사는 오려 내고, 몸이든 마음이든 곪은 상처는 도려낸다. 오려 낸 자리엔 아무것도 남지 않지만, 도려낸 자리엔 흉터나 상처가 남는다. 흉터를 없애거나 상처가 아물기 전에는 늘 의식하게 되는 자리다. 때로는 평생 안고 가야 할 상처가 되기도 한다. 그러고 보니 오려 내는 것보다 도려내는 것이 더 무섭게 느껴지기도 한다.

되다
안되다

일의 허용이나 가능 여부를 따질 때 쓰는 '되다'의 반대말 '안 되다'는 띄어 쓴다. '되어, 되니, 되는, 되었다'로 쓰는데, 문제가 되는 건 '되어'를 '돼'로 줄여 쓸 때다. '되'와 '돼'가 헷갈릴 때는 '되' 대신 '하'를, '돼' 대신 '해'를 대입하면 가리기 쉽다. '하'를 집어넣어 의미가 통하면 '되'를, '해'를 넣어 의미가 통하면 '돼'를 쓴다. '왜 안 돼(해)? 안 되(하)는 이유라도 있어?'

한편 일, 현상, 물건 따위가 좋게 이루어지거나 사람이 훌륭하게 되거나 무언가가 일정한 수준이나 정도에 이를 때 쓰는 '되다'의 반대말인 '안되다'는 붙여 쓴다. '될 놈은 되고 안될 놈은 안된다.'

또한 섭섭하거나 가엾어 마음이 언짢거나 근심이나 병 따위로 얼굴이 많이 상했다는 뜻의 형용사로 쓸 때도 '안되다'는 붙여 쓴다. '그 친구 참 안됐어. 오늘 보니 얼굴도 많이 안됐더라고.'

참고로 '다되다'라고 붙여 쓰면 완전히 그르친 상태를 뜻하는 형용사이고 '다 되다'라고 띄어 쓰면 일이 마무리되거나 연료 따위가 떨어졌다는 뜻이다. '다 된 죽에 코를 빠트려도 유분수지. 그러고 보면 그 인간도 다됐구먼.'

"내가 안돼 보입니까?" 남자가 내게 물었다. "해서는 안 될 일이란 걸 잘 알면서도 미련을 버리지 못하니 그래 보일 수도 있겠군요."

　"이제 와서 되고 안 되고를 따져서 뭐하겠어요. 세상엔 어쩔
수 없는 일도 있는걸요."

　"맞아요. 목숨이 다 될 때까지 내겐 어쩔 수 없는 일입니다.
피할 수도 없고 잊을 수도 없어요."

두려워하다
아파하다

'하다'가 형용사 뒤에서 '-어하다' 형태로 쓰여 동사를 만드는 경우가 있다. '두렵다, 즐겁다, 아프다, 사랑스럽다, 예쁘다, 놀랍다, 고맙다' 뒤에 '하다'가 붙어 '두려워하다, 즐거워하다, 아파하다, 사랑스러워하다, 예뻐하다, 놀라워하다, 고마워하다'가 되는 것처럼.

낱말들을 늘어놓고 보니 동사 대접을 받을 만하다 싶다. 서로를 예뻐하고 사랑스러워하는 시간을 즐거워하며 맘껏 누릴 때는 그 사실이 믿을 수 없어 그저 놀라워하고 고마워하게 되지만, 곧 아파하고 두려워하는 시간이 잇따르게 되니 말이다. 놀라워하고 고마워할 때조차, 아니 예뻐하고 사랑스러워하며 즐거워할 때 이미 아파하고 두려워하는 마음이 끼어드는지도 모른다. 그래도 서로의 존재를 놀라워하고 서로에게 고마워하는 마음이야 어디 가겠는가.

뒤처지다
뒤쳐지다

'뒤처지다'를 '뒤쳐지다'로 쓸 때가 많아 교정을 볼 때마다 자주 고치곤 한다. 헷갈리지 않을 방법이 없을까.

낱말의 뜻을 살피면 그다지 헷갈릴 일도 없다. '뒤쳐지다'는 '뒤치다'에서 왔고, '뒤처지다'는 '처지다'에서 왔다. 그러니 물건이 뒤집혀서 젖혀질 때는 '뒤쳐지다'라고 쓰고, 자꾸 뒤로 처질 때는 '뒤처지다'라고 써야 한다.

하긴 자꾸 뒤처지다 보면 자신이 뒤쳐져 더 이상 제 역할을 하지 못하는 물건처럼 여겨지기도 하겠다. 써 놓고 보니 한두 번 겪은 일이 아니어서 괜스레 씁쓸해진다. 뒤쳐지지 않고 제대로 서야만 뒤처지지 않겠지. 하지만 어떨 땐 그냥 뒤쳐진 채로 배를 드러내 놓고 가만히 하늘을 쳐다보고 싶을 때도 있는 법이다. 톨스토이의 『전쟁과 평화』에서 볼콘스키가 그랬던가. 전쟁터에서 부상을 입고 누운 채로 파란 하늘을 쳐다보았지 아마.

남자도 지금 그런 기분일까.

듣다
묻다

'듣다'라는 낱말을 가만히 들여다보면 '듣' 자 아래위의 자음 'ㄷ'이 꼭 귀처럼 보인다. 두 개의 귀를 한쪽 방향으로 열어 둔 모습이랄까. 아니 어쩌면 말하는 사람을 향해 몸의 귀도 열고 마음의 귀도 열라는 뜻인지도 모르겠다. 가운데 모음 'ㅡ'는 차분한 마음을 가리키는 듯도 하고 냉정한 판단을 말하는 듯도 하다. 두 개의 ㄷ을 연결하지 않은 것은 사심을 갖지 말라는 의미 같기도 하고. 보면 볼수록 그럴듯한 낱말이다.

반면 '묻다'는 입 모양의 'ㅁ'과 귀 모양의 'ㄷ' 사이에 'ㅜ'가 끼여 있다. 입을 열어 알고 싶은 걸 묻고 나서는 귀로 들으라는 뜻 같기도 하고, 알고 싶은 걸 물을 땐 동시에 제가 하는 말을 듣기도 하라는 의미 같기도 하다. 말하자면 내가 이런 걸 안다고 으스대려고 묻지 말고 정말 알고 싶은 걸 물으라는 뜻이라고나 할까. 아니면 묻는 일은 단지 묻고 듣는 데 그치지 않고 다시 묻고 듣는 일로 끊임없이 이어져야 한다는 뜻 같기도 하다. 이 또한 보면 볼수록 그럴듯한 낱말이다.

들르다
들리다

　도서관에서 집으로 돌아오는 길에 빵집에 들렀다. 빵을 고르는데 감기에라도 된통 들렸는지 자꾸 기침이 나와 급한 대로 손으로 입을 막고 부랴부랴 가방에서 손수건을 찾았다. 주인에게 미안해 어쩔 줄 몰라 하는데, 빵집 주인은 불쾌한 표정을 짓기는커녕 꼭 약국에 들러 감기약을 사 가는 게 어떻겠느냐고 친절하게 말해 주었다. 나는 그게 아니라 사레들린 것 같다고 얼버무리다가 아무튼 걱정해 주어서 고맙다고 말했다.

　'들르다'와 '들리다'의 차이를 모르는 사람은 없으리라. 그런데도 '가게에 들렸다'라거나 '가는 길에 들릴게' 또는 '주말에 한번 들려'라고 쓸 때가 잦아 교정을 보면서 자주 고치는 낱말 가운데 하나이기도 하다.

　지나는 길에 잠깐 들어가 머무른다는 뜻인 '들르다'는 '들러, 들르니, 들르는, 들른, 들를, 들렀다'로 쓰고, 병이 걸리거나 귀신이나 넋 따위가 덮친다는 뜻인 '들리다'는 '들려, 들리니, 들리는, 들린, 들릴, 들렸다'로 쓴다. 기억해 두면 괜스레 사레들린 것 같은 문장을 쓸 일은 없으리라.

들추다
들치다

남자는 오랜만에 친구들을 만나는 자리에 나를 끌고 갔다. 남자의 친구 둘에 나까지 모두 네 명이 전철역 근처 포장마차에 들어가 술을 시켰다. 남자의 친구들과 인사를 나누는데, 험상궂게 생긴 사내 하나가 포장을 들치고 들어서더니 잠시 뒤에 주인이 내온 안주를 입에 댈 생각은 하지 않고 젓가락으로 이리저리 들추기만 했다. 그러고는 우리 쪽을 살피며 안절부절못하는 주인에게 들으라는 듯 "여기서 멍게 잘못 먹었다가 탈 난 생각만 하면 내가 지금도 분이 안 풀려."라고 이죽거렸다. 주인이 더는 참지 못하고 "사과도 했고 보상도 했는데 왜 잊을 만하면 찾아와서 옛날 일을 들추는 거요? 남의 장사 망치기로 작정이라도 한 거요?" 하고 볼멘소리를 했다. 남자는 분이 안 풀린다는 사내의 말을 곱씹으며 말없이 소주잔을 기울였다. 친구들도 이렇다 말이 없었다. 이상한 밤이었다.

속이 드러나게 들어 올리거나 무언가를 찾기 위해 뒤지거나 지난 일을 끄집어내는 건 들추는 것이고, 물건의 한쪽 끝을 쳐드는 건 들치는 것이다. 그러니 지난 일은 들쳐 내는 것이 아니라 들춰내는 것이다.

'들추다'는 '들추어(춰), 들추니, 들추는, 들춘, 들출, 들추었(췄)다'로, '들치다'는 '들치어(쳐), 들치니, 들치는, 들친, 들칠, 들치었(쳤)다'로 쓴다.

떠벌리다
떠벌이다

수다스럽게 이야기를 과장하여 떠드는 건 떠벌린다고 하고, 떨뜨리며 무언가를 크게 차리거나 벌이는 건 떠벌인다고 한다. 떠벌리는 사람을 '떠버리'라고 부르기도 한다.

포장마차 안에 한동안 어색한 분위기가 이어지는가 싶었는데 잠시 후 다른 손님들이 들이닥쳤다. 삼십 대 초반으로 보이는 청년 넷이었다. 기세 좋게 들어서서는 신나게 떠들어 대는 통에 분위기가 언제 그랬냐는 듯 금세 달라졌다. 넷 가운데 키는 작아도 다부져 보이는 친구가 화제의 중심이었다. 아마도 연예인을 동원해 사인회까지 벌여 가면서 가게를 떠벌여 놓고 홍보를 한답시고 여기저기 떠벌리고 다니다가 결국 빛 좋은 개살구처럼 빚잔치만 하고 만 모양이었다. 그래도 전혀 기죽지 않고 친구들 앞에서 떠벌리면서 무언가 새로 떠벌일 궁리를 하고 있었다.

"부럽다."

남자의 친구 하나가 청년들 쪽으로 눈짓을 하며 친구들에게 말했다.

"부럽긴, 우리도 아직 젊어. 청춘이라고!"

다른 친구가 들으라는 듯 큰 소리로 떠벌리는 바람에 험상궂은 표정의 사내는 물론 청년들까지 우리 쪽으로 시선을 던졌다. 정말이지 이상한 밤이라고 나는 생각했다.

떨구다
떨어뜨리다

'떨어뜨리다(떨어트리다)'만 표준어였다가 2011년 8월에 '떨구다'도 표준어로 추가되었다. 둘은 거의 비슷한 뜻을 지닌 동사인데, 차이를 가리자면 '떨구다'에 '시선을 아래로 향하게 하다'라는 뜻이 따로 있으니 '눈길은 떨구고, 고개는 떨어뜨린다' 정도라고 할 수 있으려나.

여자는 시선을 떨구지도 고개를 떨어뜨리지도 않았다. 물론 눈물을 보이지도 않았다. 남자에게 상황을 설명하고 동의를 구했을 뿐이다. 환자복을 입은 여자의 한쪽 가슴이 푹 꺼져 있었다.

"이렇게라도 얼굴을 보고 싶었어요. 그 대신 이번이 마지막이에요. 그렇게 약속했어요."

남자도 시선을 떨구거나 고개를 떨어뜨리지 않고 여자의 눈을 똑바로 쳐다보았다.

마름하다
마무르다

'마름하다'는 옷감이나 목재 따위를 필요한 치수에 맞게 재거나 자른다는 뜻이다. 비슷한 낱말로 '마르다'가 있다.

마름하는 일을 '마름질'이라고 하는데 한자어로는 재단(裁斷)이다. 마름질해 놓은 모양은 '마름새'라고 한다.

아버지는 평생 양복 재단사로 일했다. 줄자로 손님의 몸 치수를 재고 그것에 맞춰 흰 종이로 본을 만든 뒤 옷감에 흰 분필로 본을 떠 가위로 자르고 시침질을 해 손님에게 입혀 본 다음 치수를 조정하고 나서 마무리 바느질을 하고 다림질까지 하면 한 벌의 옷이 만들어진다.

물론 마무리가 중요하다. 단추도 제 위치에 달아 주어야 하고 단춧구멍에 촘촘하게 감침질을 하는 것도 잊어서는 안 되며 맞춤 양복이니 때에 따라서는 안주머니 위쪽에 손님의 이름을 박는 것도 빼먹으면 안 된다.

이렇듯 물건의 가장자리를 꾸미면서 일을 끝맺거나 일의 뒤끝을 맺는 걸 마무른다고 한다. 요즘은 '매조지다'라는 낱말을 쓰기도 하는데 '매조지다'는 단단히 마무를 때 쓴다. 단, '매조지하다'라고 쓰면 어법에 맞지 않으니 주의해야겠다.

'마무르다'는 '마물러, 마무르니, 마무르는, 마무른, 마무를, 마물렀다'로 쓴다. '마무리다'는 표준어가 아니니 '마물려'나 '마물려진'이라고 쓰지 않는다.

맞닿다
맞붙다

'맞닿다'와 '맞붙다'는 둘 다 '마주 닿다'를 뜻하는 동사지만, '맞붙다'에는 '서로 상대하여 겨루다, 서로 떨어지지 않고 함께 하다'라는 뜻이 더 있다.

그러니 '하늘과 바다가 맞닿은 수평선'을 '하늘과 바다가 맞붙은 수평선'이라고 써도 어색하지 않지만, '상대와 맞붙어 싸웠다'를 '맞닿아 싸웠다'라고 쓰면 이상하고, '늘 맞붙어 지내는 친구'를 '늘 맞닿아 지내는 친구'라고 쓰면 자연스럽지 못하다.

다세대 주택이 다닥다닥 맞닿다시피 한 골목에서는 늘 주차 전쟁이 벌어지곤 한다. 주차 공간은 턱없이 모자란데 차들은 넘쳐 나니 승강이가 벌어지지 않을 수 없다. 때로는 서로 맞붙어 드잡이를 하기도 하고, 양쪽 집에서 가족들이 쏟아져 나와 싸움이 커지기도 한다. 내가 아직 운전면허를 따지 않은 건 어쩌면 이런 모습을 숱하게 봐 왔기 때문인지도 모른다.

매만지다
어루만지다

둘 다 '만지다'에서 왔다.

'매만지다'는 잘 가다듬어 손질하거나 부드럽게 어루만지는 걸 말하고, '어루만지다'는 가볍게 쓰다듬어 만지거나 가볍게 쓰다듬는 것처럼 스쳐 지나거나 빛 따위가 사람이나 물체를 가볍게 비추는 걸 말한다.

둘 다 부드럽게 만지는 걸 뜻하지만 '매만지다'가 손질의 의미를 띤다면 '어루만지다'는 위로의 의미를 띤다는 차이가 있다. 그러니 '새가 부리로 날개를 매만진다'라는 표현을 '새가 부리로 날개를 어루만진다'라고 쓰거나 '거울을 보며 머리를 매만졌다'를 '거울을 보며 머리를 어루만졌다'라고 쓰면 어색하다. 또 '부드러운 바람이 내 뺨을 어루만지며 지났다'를 '부드러운 바람이 내 뺨을 매만지며 지났다'라고 쓰거나 '슬픔에 빠진 국민의 마음을 어루만져야 한다'를 '슬픔에 빠진 국민의 마음을 매만져야 한다'라고 쓰면 자연스럽지 못하다.

우연히 만난 내게 남자는 선뜻 자신의 이야기를 들려주었다. 남자에게 나는 그저 하찮은 옆길에 지나지 않을 텐데……. 어쩌면 그렇기에 가감 없이 자신의 이야기를 들려줄 수 있었는지도 모르겠다. 사심 없이 어루만지며 위로하는 건 서로를 옆길에 있다고 여길 때나 가능할 테니까.

먹고살다
먹여 살리다

어느새 쉰을 코앞에 둔 나이가 되었다. 딱히 이뤄 놓은 것도 없이 사십 대를 지나게 생겼다. 먹고살다 보니 그리 되었다. 말해 놓고 보니 이런 말을 앞으로 얼마나 더 하게 될까 싶어 민망해진다. 먹고살다 보니 이렇게 되었다는 핑계 말이다. 세상에서 가장 그럴듯한 핑계 아닌가. 먹고살다 보니, 또는 가족을 먹여 살리려다 보니…….

먹고사는 일이 무슨 신성불가침의 영역처럼 느껴진다. 가장 기본적인 일인데 가장 높이 들린 귀한 목적처럼 여겨진다고나 할까. 참담한 일이다. 혹여 그것이 신성불가침이 아니라 치외 법권 지역 같은 곳은 아니었을까. 도망가 숨기 딱 좋은 곳.

'먹고살다'는 붙여 쓰고 '먹여 살리다'는 띄어 쓴다. 단, '초식 동물은 풀을 먹고 산다'와 같이 앞에 목적어가 올 때는 띄어 쓴다.

모으다
모이다

한데 합치거나 써 버리지 않고 쌓아 두는 걸 모은다고 한다. 입을 모으고 힘을 모으고 돈을 모은다.

'모으다'의 당하는 말은 '모이다'이다. 그런데 '모으다'의 준말이 '모다'이고 '모다'의 당하는 말이 '모아지다'여서 '모이다'와 '모아지다' 모두 쓸 수 있다는 게 국립국어원의 설명이다. 다만 '모여지다'라고 쓰지는 않는다.

개인적으로는 '모아지다'도 어색하지만 '모이다'만으로 미처 표현할 수 없는 경우를 생각하면 어쩔 수 없겠다 싶기도 하다. 가령 편마비를 앓아 한쪽 손을 제대로 움직일 수 없는 어머니는 두 손을 모으기가 여간 힘들지 않다. 한창 재활 치료를 받을 때는 "아무리 해도 손이 모아지질 않아." 하고 볼멘소리를 하곤 했다. 이럴 땐 '손이 모이질 않아'라거나 '손을 모을 수 없어'라고 표현하면 그뿐이라고 말하기 어렵다. "돈이 영 모아지지 않네." 하는 탄식도 마찬가지다. 힘들여 돈을 벌고 아껴 쓰려고 애써도 돈을 모으기가 좀처럼 쉽지 않은 게 현실이니까.

다만 '관심이 모아진다'라거나 '눈길이 모아진다', '정성이 모아진다'와 같이 추상적인 낱말에 '모아지다'를 쓰는 건 역시 어색하다.

몰아붙이다
몰아세우다

상대가 나를 몰아붙이는지 아니면 몰아세우는지 가릴 수 있을까? 하긴 누군가 나를 다그치고 닦아세우는 상황이라면 몰아붙이는지 몰아세우는지를 가릴 처지가 아니겠다.

『표준국어대사전』에는 '몰아붙이다'가 '한쪽 방향으로 몰려가게 하다, 남을 어떤 상황이나 방향으로 몰려가게 하다'라고, '몰아세우다'가 '잘잘못을 가리지도 않고 마구 다그치거나 나무라다, 한쪽으로 내몰다, 근거도 제대로 제시하지 않고 어떤 나쁜 처지로 몰아가다'라고 풀이돼 있다.

그러니 굳이 가린다면 구석으로 몰아붙이거나 궁지로 몰아붙이는 것이고, 배신자로 몰아세우고 범인으로 몰아세우는 것이겠다. 물론 가리지 않고 쓴다고 해서 전혀 엉뚱한 뜻이 되는 건 아니지만 말이다.

여자의 남편이 만나자고 했을 때 남자는 상대가 몰아붙이면 몰아붙이는 대로, 몰아세우면 몰아세우는 대로 군말 없이 당할 각오를 하고 나갔다. 하지만 여자의 남편은 언성 한번 높이지 않았다.

"여기까지 합시다. 그게 세 사람 모두 사는 길이니까요."

남자는 아무 말도 하지 못했다. 살면서 그때처럼 구석으로 몰아붙여지고 몰아세워진 적이 없었노라고 남자는 말했다.

몸부림치다
발버둥질하다

'몸부림치다'와 '몸부림하다' 둘 다 심하게 몸을 흔들고 부딪거나 고통에서 벗어나려고 애쓴다는 뜻을 지니는데, '몸부림하다'에는 자면서 몸을 뒤친다는 뜻이 더 있다. 아무래도 '몸부림하다'에는 몸을 심하게 움직인다는 뜻이 더 강하고, '몸부림치다'에는 목표를 이루거나 고통을 잊기 위해 애쓴다는 뜻이 더 강한 듯하다.

'발버둥질하다'는 두 다리를 번갈아 내뻗었다 오므렸다 하며 몸부림한다는 뜻과 온갖 수단을 다 동원해서 애쓴다는 뜻을 지니지만, '발버둥치다'는 따로 사전에 올라 있지 않으니 '발버둥 치다'로 띄어 써야겠다. 또한 뜻풀이에서 볼 수 있듯 발버둥은 주로 두 발을 움직여 버둥거리는 걸 말하니 이 또한 가려 써야겠다.

바람이 거세게 부는 날 가지 많은 나무를 바라볼 때면 여자는 나무가 식물이라는 게 믿기지 않는다. 무수한 이파리들을 달고 사방으로 뻗은 가지들이 아우성을 치듯 저마다 손을 내뻗으며 바람을 따라가려 몸부림치는 모습은, 그동안 나무의 욕망을 얼마나 겉잡았는지 반성하게 만든다. 여자는 그동안 나무의 뿌리와 줄기만 보았던 것이다. 씨 뿌려진 곳에 평생 꽂혀 있는 나무. 뿌리의 힘으로 사는 나무. 둥치의 저력으로 버티는 나무. 줄기의 수직성으로 꼿꼿함을 유지하는 나무. 가지는 그저 이파리들을 위해 존재하는 줄로만 알았다. 더 많은 햇빛을 빨아들이도록 이파리들을 위로 위로 밀어 올리는 것이 가지의 유일한 사명인 줄로만 알았다. 시원한 그늘을 드리우도록 머리 위를 받치는 것이 가지의 유일한 공헌일 줄로만 알았다. 하지만 가지야말로 나무의 욕망을 고스란히 드러내는 또 다른 중심이라는 걸 여자는 바람 부는 날 나무를 보며 깨닫는다.

마치 발버둥 치는 아이처럼 바람을 따라가겠다고 고집을 부리는 가지는 뿌리의 완고함이 얼마나 밉겠는가. 그런가 하면 가지를 보내 주지 못하는 뿌리는 가지의 발버둥이 얼마나 가슴 아프겠는가. 두 개의 중심은 서로의 존재가 얼마나 버겁겠는가. 하지만 뿌리가 없다면 가지는 바람을 따라가려 발버둥 치는 자신의 욕망을 드러낼 수 없고, 가지가 없다면 뿌리는 자신의 가려진 부분을 드러낼 수 없다.

바람이 거세게 불 때면 여자는 뿌리를 잘라 내고라도 바람을 따라가고 싶지만, 바람이 잔잔해지면 자신을 붙들어 준 뿌리가 고맙기도 하다. 하지만 그것도 잠시뿐. 바람은 부는 순간 이미 지나가 버린 것이라지만, 가슴속에 부는 바람은 여전히 무수한 가지들처럼 몸부림치고 있다. 뿌리를 뽑아 버리기라도 할 것처럼.

못살다
잘살다

'어렸을 때 우리 집은 지지리도 못살았다'라거나 '못살겠다 갈아보자'처럼 가난하거나 더 이상 견딜 수 없을 때 모두 '못살다'라고 쓴다. 반대말은 물론 '잘살다'이다.

'잘'과 '못'이 붙어 이처럼 동사가 되기도 하지만, '잘생기다', '못생기다'처럼 형용사가 되기도 한다.

개인적으로 '잘'과 '못'이 들어간 낱말은 어느 경우든 마뜩잖다. 사는 일이나 생김새를 두고 잘잘못을 가리려는 듯해서 그렇기도 하고, 재력이나 생김새를 잘나고 못난 것을 가리는 기준으로 삼는 것 같아 그렇기도 하다.

돌이켜 보면 옛날 소설에서는 '잘살다, 못살다'뿐만 아니라, 잘생겼다느니 못생겼다느니 하는 표현도 별로 못 봤지 싶다. '헌헌장부 같다'라거나 '퉁방울눈에 매부리코'와 같이 구체적으로 묘사했지 잘생기고 못생겼다고 멋대가리 없이 잘라 말하지 않았던 듯하다. 옛날 노래에서도 못생겼다는 표현은 생김새보다는 마음에 썼다. 남인수의 「애수의 소야곡」 2절에 나오는 가사 "못생긴 미련인가 생각하는 밤"처럼.

잘났다거나 못났다고 말할 수 있는 대상은 고칠 수 있는 것이어야 하지 않을까. 그러니 마음가짐에 써야지 생김새에 써서는 곤란하지 않겠는가. 그러고 보면 성형 수술이 만연하는 이유를 굳이 다른 데서 찾을 필요도 없겠다.

사는 일에도 잘났다느니 못났다느니 하는 표현은 삼가는 게 좋겠다. 누구나 살면서 제 나름의 의미를 찾으니 그 의미에 '잘'이니 '못'이니 붙이는 거야 뭐라 할 수 없지만, 사는 일 자체에 붙일 건 못 되지 싶다. "왜 사냐고 묻거든 그냥 웃지요"라는 시구도 있지만, 내가 들은 것 가운데 가장 그럴듯한 이유는 '죽지 못해 산다'뿐이다. 삶은 부여받는 것이지 선택하는 것이 아니다. 다만 선택할 수 있다면 죽음뿐이지만, 누구든 차마 그럴 수는 없는지라 죽지 않아서가 아니라 죽지 못해서 사는 것이다. 그리고 삶을 끝내는 순간까지 그처럼 험한 선택은 되도록 하지 않고 마치 삶을 부여받았듯이 죽음 또한 그렇게 부여받기를 바라며 사는 것, 그게 잘사는 것 아니겠는가. 나머지는 각자 알아서 할 일이고.

무지르다
무찌르다

　한 부분을 잘라 버리거나 말을 중간에서 끊거나 가로질러 갈 때 무지른다고 한다. '무찌르다'는 '무지르다'의 센말이 아니라, 남김없이 쳐 없애고 마구 쳐들어간다는 뜻이다.

　포장마차에서 만난 그 험상궂은 사내는 주인의 볼멘소리를 무지르고 자리에서 일어서더니 주머니에서 만 원짜리 한 장을 꺼내 주인에게 던지듯 건네고는 "잔돈은 계산할 것 없으니 무질러 버리쇼." 하고 조롱하듯 내뱉었다. 그러고는 다시 포장을 들치고 거리로 나서서는 길 건너편 포장마차를 향해 무질러 가는 것이었다. 주인은 사내의 뒷모습을 바라보며 주먹 쥔 손을 부르르 떨었다. 사내를 무찔러 버리지 못한 것이 못내 억울한 눈치였다.

　'무지르다'의 당하는 말은 '무질리다'이고, '무찌르다'의 당하는 말은 '무찔리다'이다.

물리다
질리다

다시 대하기 싫을 만큼 몹시 싫증이 날 때 물린다고 한다. '질리다'에도 어떤 일이나 음식 따위에 싫증이 난다는 뜻이 있지만, 그에 더해 놀라거나 두려워서 기가 막히거나 풀이 꺾인 다는 뜻도 있다.

'만날 국수만 먹었더니 이젠 질린다'에서는 '질리다'가 '물리다'와 같은 뜻으로 쓰였지만, '겁에 질려 그만 소리를 지르고 말았다'에서 '질리다'는 '물리다'와 관계없다.

이렇게 낱말이나 찾으며 시간 보내는 일도 언젠가는 물릴 날이 오겠지. 그리고 내가 한때 이렇게 시간을 보냈다는 걸 나중에 돌이키면 나라는 놈에게 스스로 질릴지도 모르고.

믿다
믿기다

'믿다'의 당하는 말은 '-기-'를 붙인 '믿기다'와 '-어지다'를 붙인 '믿어지다' 두 가지다. 그러니 '믿기지 않는다'라거나 '믿어지지 않는다'라고 쓰지 '믿겨지지 않는다'라고는 쓰지 않는다.

살다 보면 믿기지 않는 일들을 당할 때도 많고 사는 일 자체가 믿어지지 않을 때도 있다. 살아온 시간을 되돌아볼 때도 그렇고 앞으로 살아갈 날들을 내다볼 때도 그렇다. 그러고 보면 믿는다는 것은 도저히 믿기지 않는 일들에 신뢰를 보내는 것이 아닐까 싶기도 하다. 합리적인 계산이 통하지 않는 것만이 믿음의 대상이 될 수 있을 테니까.

밑돌다
밑들다

'올해는 감자가 밑들지 못해 수확량이 예상보다 훨씬 밑돌았다'라고 쓸 수 있다.

'밑돌다'는 수치가 기준에 미치지 못할 때 쓰고, '밑들다'는 무나 감자 따위의 뿌리가 굵게 자랄 때 쓴다.

'밑돌다'는 '밑돌아, 밑도니, 밑도는, 밑돈, 밑돌, 밑돌았다'로, '밑들다'는 '밑들어, 밑드니, 밑드는, 밑든, 밑들, 밑들었다'로 쓴다.

감자나 무만 밑드는 건 아니다. 사람도 마찬가지다. 밑들어야 할 시기에 제대로 밑들지 못하면 나이가 들어도 나잇값을 못하고 밑도는 삶을 살게 될 테니까. 작황으로 치면 이만저만 손해가 아니지만 어쩌겠는가. 감자나 무야 새로 심고 다시 밑들게 할 수 있지만 삶은 그럴 수 없는 것을.

배다
베다

아이나 새끼를 배고 잉크가 손에 배고 고기 굽는 냄새가 옷에 밴다. 그런가 하면 나무를 베고 칼로 손을 베고 과일을 한입 베어 물고 무릎을 베고 눕는다.

'배다'는 굳이 당하는 말을 만들어 쓸 필요가 없고, '베다'의 당하는 말은 '베이다'이니 '베어지다'라거나 '베여지다'라고는 쓰지 않는다. '배다'는 '밴'으로 쓰고 '베다'는 '베인'으로 쓰면 그뿐이다. 지난 상황을 표현할 때도 '배다'는 '배었다'나 그 준말인 '뱄다'를 쓰고 '베다'는 '베었다'나 그 준말인 '벴다' 그리고 '베이다'의 과거형인 '베였다'를 쓴다. 그러니 '검도 사범이 진검을 들고 짚단을 단숨에 베었다(벴다)', '짚단이 단칼에 베였다'라고 쓰지 '짚단을 단숨에 베였다'라거나 '짚단이 단칼에 베어졌다' 또는 '베여졌다'라고는 쓰지 않는다.

출판사 회식 자리에 끼여 정신없이 고기를 먹고 떠드는 동안 고기 굽는 냄새가 겉옷에 온통 뱄다. 집에 돌아와 겉옷을 벗어 베란다에 걸어 놓았더니 옷에 배었던 냄새가 다음 날 아침 흔적도 없이 사라지고 말았다.

며칠 뒤 종이 끝에 그만 손을 베였다. 종이에 베인 상처는 생각보다 아프고 오래도록 아물지도 않아 여간 신경 쓰이는 게 아니다.

벌리다
벌이다

양팔을 벌리고 사업을 벌인다. 입을 벌리고 논쟁을 벌인다. 틈을 벌리고 잔치를 벌인다.

'벌리다'를 '벌이다'로 잘못 쓸 때는 흔치 않아도 그 반대는 적지 않다. 사이를 뜨게 하는 건 벌리는 것이고, 무언가를 차리고 펼치고 늘어놓는 건 벌이는 것이라고 기억하면 편하다.

'벌리다'는 '벌려, 벌리니, 벌리는, 벌린, 벌릴, 벌렸다'로 쓰고, '벌이다'는 '벌여, 벌이니, 벌이는, 벌인, 벌일, 벌였다'로 쓰며, 두 낱말 모두 당하는 말은 '벌어지다'이다. 그러니 '벌려지다'라거나 '벌여지다'라고는 쓰지 않는다.

술자리만 벌어졌다 하면 큰 소리로 언쟁을 벌이며 주사를 부리곤 하는 두 친구 곁에서 남자는 조용히 술잔만 기울였노라고 말했다. 아니나 다를까. 그날도 역시 남자의 친구들은 내가 옆에 앉아 있는 것도 의식하지 않고 언성을 높이며 서로 잡아먹을 듯 말싸움을 벌였다. 남자가 참다 못해 술잔을 탁 내려놓으며 "그만들 닥치지 못해!"라고 소리를 질렀다. 두 친구는 벌어진 입을 다물지 못했다. 입 벌리지 않고 가만히 있는다고 해서 늘 아무렇지 않은 건 아니다.

벼르다
벼리다

무사는 칼을 벼릴 때마다 억울하게 죽은 동생의 원수를 갚고야 말겠노라고 벼르곤 했다.

연장을 불에 달구어 망치로 두드려서 날을 세우는 걸 벼린다고 한다. 요즘은 조직폭력배가 아닌 다음에야 연장 운운할 일이 없을 테니 마음을 단단히 여미는 것도 벼린다고 할 수 있겠다. 말하자면 칼을 간다고나 할까. 진짜 칼이든 마음의 칼이든.

'벼리다'가 마음을 다잡는 것이기도 하다면 '벼르다'와 다르지 않아 헷갈릴 수도 있겠지만, '벼르다'는 마음의 준비와 상관없이 기회를 엿본다는 의미가 더 강하다. 흔히 쓰곤 하는 '별르다'는 어법에 맞지 않다.

'벼르다'는 '별러, 벼르니, 벼르는, 벼른, 벼를, 별렀다'로 쓰고, '벼리다'는 '벼려, 벼리니, 벼리는, 벼린, 벼릴, 벼렸다'로 쓴다. '십 년을 별러 온 일'이고 '십 년을 벼려 온 칼'이다.

남자나 여자나 오랫동안 별러 온 일이었다. 하지만 둘 다 아무런 준비도 하지 못했다. 그러니 별러 왔을 뿐 벼려 왔다고는 할 수 없겠다. 벽에 부딪혔을 때 그들은 둘만 생각할 만큼 모질지 못했다. 그들에겐 벼려 온 칼 같은 건 없었던 것이다.

보깨다
부대끼다

먹은 음식이 소화가 되지 않아 속이 불편할 때 '부대끼다'라고 쓴다. '보깨다'라고 쓰기도 한다.

국어사전을 찾아보면 '부대끼다'는 '사람이나 일에 시달려 크게 괴로움을 겪다, 여러 사람과 만나거나 본의 아니게 여러 사람과 접촉하다, 다른 것에 맞닿거나 자꾸 부딪치며 충돌하다'라고 나오고, '배 속이 크게 불편하여 쓰리거나 울렁울렁하다'라는 뜻이 맨 뒤에 붙어 있다. 한편 '보깨다'는 '먹은 것이 소화가 잘 안 되어 속이 답답하고 거북하게 느껴지다, 일이 뜻대로 되지 않아 마음이 번거롭거나 불편하게 되다'라고 풀어 놓았다.

지난번 회식 때는 출판사의 퇴근 시간에 맞춰 가느라 만원 전철에서 적잖이 부대낀 데다 회식 자리에 도착해서는 저자며 다른 출판사 사람까지 여럿을 한자리에서 만나느라 또 한 번 부대껴야 했다. 그런 상황에서 술이며 안주를 먹어 대서였을까. 다음 날 하루 종일 속이 보깨서 아주 혼났다.

부르다
불리다

사람을 소리쳐 부르고 노래를 부른다. '부르다'의 뜻을 모르는 사람이 있겠는가. 문제는 당하는 말인 '불리다'이다.

'불리다'가 당하는 말이니 '불려지다'라거나 '불리우다'라고 쓰는 건 어법에 맞지 않다. 심지어 '불리워지다'라고 쓰기도 하는데, 기본형인 '부르다' 어디에도 ㅂ 받침이나 'ㅜ'가 없으니 '워'를 집어넣을 이유가 없다.

나와 함께 도서관에서 두꺼운 국어사전을 한 장 한 장 넘기며 시간을 보내던 남자가 한동안 보이지 않았다. 닷새 만에 도서관에서 다시 만난 남자는 인력 시장을 기웃거린 이야기를 들려주었다.

"지금부터 제가 이름을 부르면 앞으로 나오세요. 이름이 불리지 않은 분은 오늘은 마땅한 일거리가 없으니 안됐지만 돌아가셔야겠습니다."

살면서 자기 이름이 불리기를 이토록 바라고 기다리는 때가 또 있을까. 일당이라도 받아 가야 아이들 먹을거리라도 살 수 있으니 그 간절함이 저절로 마음을 졸이게 만들 것이다.

'부르다'는 '불러, 부르니, 부르는, 부른, 부를, 불렀다'로 쓰지만, '불다'는 '불어, 부니, 부는, 분, 불, 불었다'로 쓴다는 것도 기억해 두자. 그러니 노래는 불러 젖히는 것이고 피리는 불어 젖히는 것이다.

'불리다'는 '(노래) 부르다'와 '(바람) 불다'의 당하는 말로 쓰기도 하고 '(국수가) 붇다'와 '(배가) 부르다'의 시키는 말로 쓰기도 한다. 이처럼 다른 낱말의 당하는 말이나 시키는 말로만 쓰이는 게 안타까워 사전을 찾아보니 '불리다'도 분명한 자기 뜻을 갖고 있었다.

1. 쇠를 불에 달구어 단단하게 하다.
2. 몸이나 마음을 굳세게 하다.
3. 곡식 따위를 바람에 부쳐서 필요 없는 것을 없애 버리다.

부풀다
부풀리다

종이나 헝겊에 부풀이 일어나거나 살이 부르터 오르거나 부피가 커지거나 실제보다 과장되거나 희망이나 기대에 가득 찰 때 부푼다고 한다.

'부풀다'는 '부풀어, 부푸니, 부푸는, 부푼, 부풀, 부풀었다'로 쓴다. 당하는 말은 '부풀리다'니 '부풀어지다', '부풀여지다', '부풀려지다'라고는 쓰지 않는다.

남자는 여자와 함께 지낼 꿈에 한껏 부풀었던 때를 잊지 못한다. 부푼 꿈은 말 그대로 부풀린 빵처럼 맥없이 꺼져 버리고 말았지만, 그래도 살면서 가장 행복한 시간이었노라고 남자는 말했다.

두 사람에게 필요한 건 작은 월세방과 일 년간의 생활비가 전부였다. 단둘이 거의 숨어 지낼 계획이었으니 생활비라고 해 봐야 큰돈이 필요한 것도 아니었다. 햇빛을 쐬면 살갗이 벌겋게 부풀어 오르는 여자를 위해 커튼까지 치고 방에 콕 틀어박혀 있다가 어스름이 내릴 무렵 집 근처를 산책할 생각이었다. 도서관에 들러 서가를 기웃거리기도 하고 천원숍에서 앙증맞은 컵이며 그릇 따위를 구경하기도 하고 여름이면 하드 하나씩 입에 물고 부푼 마음으로 둘만의 거처로 돌아오는 시간을 꿈꾸었더랬다.

"당장 큰돈은 필요하지 않더라도 생활비는 벌어야 할 텐데요?"

내가 물었다. 이미 보풀이 돼 버린 꿈이라는 걸 깜빡했다.

"정 필요하면 뭐든 하면 되죠. 그 사람이 그러더군요. 같이 방에 앉아 인형 눈알을 붙이는 건 어떠냐고요."

나는 보풀과 부풀로 가득한 인형과 보푸라기와 부푸러기로 뒤덮인 그들의 모습을 상상했다.

"그렇게 일 년만 지낼 생각이었나요 그럼?"

내가 다시 물었다. 현실에 부딪혀 맥없이 사그라진 꿈을 내가 다시 부풀리는 것 같아 조심스러웠다. 남자는 나를 힐끗 보더니 도서관 건너편 아파트 단지 쪽으로 시선을 돌렸다.

"그건…… 상상에 맡기겠습니다."

'부풀'과 '보풀'은 '종이와 헝겊 따위의 거죽에 부풀어 일어나는 가는 털'을 말하고 '보푸라기'와 '부푸러기'는 각각 '보풀'과 '부풀'의 낱개를 말한다.

빨다
빨다리다

빨래는 빨아서 꼭 짠 뒤에 널고 마르면 걷어서 다린다. 빠는 게 먼저고 짜는 게 다음이며 빨랫줄에 너는 게 그다음이고 말라서 물기가 사라지면 걷고 다리는 게 마지막이다.

그런데 이 모든 과정을 한 번에 표현할 수 있는 동사가 있다. 바로 '빨다리다'이다. 깨끗이 빨아서 다린다는 뜻이다. '새로 빨다린 옷을 입고 나오니 기분이 상쾌하다'와 같이 쓸 수 있다.

하지만 가끔은 '널다'에서 끝나는 경우도 있다. 하필이면 바람이 세차게 불어 대는 날 침대보와 이불에 베갯잇까지 빨아 널었다. 옥상 빨랫줄에 줄줄이 널고 빨래집게로 단단히 집어 놓고도 좀처럼 마음이 놓이지 않았다. 유난히 세차게 펄럭이는 침대보 때문이었다. 담배 한 대를 다 피우는 동안, 내 앞에서 지치지도 않고 연방 펄럭이는 침대보를 나는 뚫어져라 노려보았다. 괜찮겠지? 다른 집에서도 빨래를 널었는걸, 뭐. 바람이 빨래를 어쩌기야 하겠어. 게다가 집게로 단단히 집어 놓았는데 별일 있으려고.

오후 늦게 빨래를 걷으려고 옥상에 올랐다가 나는 멍해졌다. 이불과 베갯잇은 멀쩡히 걸려 있는데, 침대보는 온데간데없었다. 빨래집게도 보이지 않았다. 별일이구나. 옥상 여기저기를 뒤져 보고 옆 건물의 옥상까지 살폈지만 어디에도 침대보는 보이지 않았다. 혹시 다른 집에서 착각하고 걷어 갔나?

그럴 리가. 침대를 구입할 때 같이 산 것이라 오래 쓰기도 했거니와 낡을 대로 낡아 누가 봐도 바랜 티가 금방 나는 것이었다. 착각할 리 없다. 게다가 이불도 아니고 침대보인데…….

　나는 맥없이 하늘을 올려다보았다. 설사 바람에 날아갔더라도 하늘로 올라갔을 리 만무한데 나는 자꾸만 애꿎은 하늘을 올려다보았다. 그러다가 나도 모르게 피식 웃음이 나왔다. 멋지다, 내 침대보! 이런 날 바람 따라 훌쩍 날아갈 줄도 알고. 기왕이면 아주 멀리멀리 날아가라! 나는 중얼거렸다. 그리고 이번엔 담배를 피우는 내내 히죽히죽 웃었다.

뻗대다
삐대다

고집스럽게 버티는 건 뻗대는 것이고, 눌어붙어서 떠날 생각을 하지 않는 건 삐대는 것이다.

오래전 일이다. 대학 때 학생 운동 조직에 몸담았던 친구가 한동안 내 방에서 지낸 적이 있다.

"이렇게 늘 삐대서 어쩌냐." 하고 친구는 미안해했지만 정작 내 고민은 다른 데 있었다. 당시 내가 살던 집이 청와대 근처에 있었던 데다 그때는 동네 곳곳에 의경 초소가 서 있었던지라 밤마다 전전긍긍할 수밖에 없었다. 아니나 다를까 한번은 밖에서 큰 소리가 들리기에 나가 봤더니 친구 녀석이 불심 검문에 걸려 승강이를 벌이고 있었다. 나는 가슴이 콩닥거리는데 외려 친구는 동네 주민을 상대로 그것도 집 앞에서 불심 검문을 하는 경우가 어디 있느냐며 뻗대는 것이었다. 나중에 사회인이 되어 다시 만났을 때 친구는 그때 잡혀가는 줄 알고 십 년 감수했노라면서, 알고 보니 수배자 명단에 자신은 들어 있지도 않았다고 말해 한참을 웃었다.

"그런데 왜 하필 우리 집이었던 거야? 그때는 모두 피했을 동네잖아."

웃음 끝에 내가 물었더니 친구가 의미심장하게 웃으며 말했다.

"원래…… 등잔 밑이 어두운 법이거든."

삐지다

삐치다

    칼 따위로 물건을 얇고 비스듬하게 잘라 낼 때 삐진다고 하고, 성이 나서 토라지거나 일에 시달려 몸과 마음이 기운이 없거나 글자의 획을 비스듬히 내려쓸 때 삐친다고 한다.

    쇠고기뭇국을 끓일 때 무를 나박하게 썰어 두었다가 국에 넣기도 하지만 끓는 국에 무를 칼로 삐져서 넣기도 한다. 모양이 일정하지 않아 보기에는 좀 그래도 무에 육수가 잘 스며들어 맛은 훨씬 더 좋다. 시원한 뭇국에 고춧가루를 넣어 칼칼한 맛까지 더하면 아이처럼 잘 삐치는 아버지나 몸이 불편해 늘 삐치기 쉬운 어머니에게도 그만이다. 물론 나도 잘 먹고.

    2014년 12월에 국립국어원이 새로 추가한 표준어 목록에 따라 '성이 나서 토라지다'라는 뜻을 표현할 때 '삐지다'와 '삐치다' 둘 다 쓸 수 있게 되었다.

사랑하다
사랑받다

사랑하는 나와 사랑받는 나는 같은 나일까? 사랑하는 나가 곧 사랑받는 나이고, 사랑받는 나가 곧 사랑하는 나일까? 사랑하는 나는 사랑받는 나를 한눈에 알아보고 사랑할 수 있을까? 사랑하는 나가 사랑받는 나를 온전히 사랑할 수 있다면 사랑하는 나는 과연 사랑받는 나 말고 사랑하는 나도 사랑할 수 있을까? 혹시 사랑받는 나를 가장 믿을 수 없어 하는 것이 사랑하는 나이고 사랑하는 나를 가장 경멸하는 것이 사랑받는 나는 아닐까?

사랑하고 사랑받는 일만큼 힘들고 어려운 일이 또 있으랴. 그 힘들고 어려운 일에 뒤도 돌아보지 않고 뛰어드는 모든 사람에게 바친다. '사랑하다'와 '사랑받다.'

사리다
도사리다

'사리다'는 국수사리를 떠올리면 뜻을 금방 알 수 있다. 마치 뱀이 똬리를 틀 듯 동그랗게 감아 놓은 사리처럼 동그랗게 포개어 감는 걸 말하니까. 짐승이 겁을 먹고 꼬리를 다리 사이에 구부려 끼는 것도 사린다고 한다.

'도사리다' 역시 둥그렇게 포개어 감는다는 뜻도 있고 몸을 웅크린다는 뜻도 있어 '사리다'와 크게 다르지 않다. 다만 '두 다리를 꼬부려 각각 한쪽 발을 다른 한쪽 무릎 아래에 괴고 앉 다'라는 뜻이 첫 번째로 풀이돼 있어 흥미롭다. 이건 흔히 책상 다리로 앉는다고 말하는 바로 그 자세 아닌가.

어쨌든 '도사리다'가 '사리다'와 달리 금방이라도 덤벼들 것 처럼 성이 나 있다는 뜻을 지닌 것은 아니다. 다만 뱀이나 고양 잇과 짐승들이 몸을 잔뜩 도사리고 있는 모습이 언뜻 금방이 라도 덤벼들 것처럼 보이기 때문에 그리 쓰는 것일 테다. 하지 만 낱말 자체에는 그다지 공격성이 엿보이지 않는다. 그렇기 는커녕 되레 겁먹은 모습이 그려지기만 할 뿐이다.

하긴 보는 시각에 따라 얼마든지 다를 수 있겠다. 나를 향해 잔뜩 도사린 고양이는 내 처지에선 금방이라도 내게 덤벼들 것처럼 보이지만 정작 자신의 영역을 침범당해 잔뜩 겁을 먹 은 건 고양이 쪽일 수도 있으니까.

도서관 한쪽에 자리 잡고 앉아 국어사전을 들여다보고 있는 남자를 보면 그 자리에 똬리를 틀 듯 사린 것처럼 보이기도 하고, 잔뜩 도사리고 있는 것처럼 보이기도 한다.

살아가다
살아남다

"그걸로 끝이었나요? 병원에서 보고 온 뒤로?"

내가 물었다. 도서관 건너편 아파트 단지에 하나둘 불이 켜졌다. 안개가 엷게 끼어서 그런지 아파트 창을 밝히는 불빛들이 마치 낚시터에 드리워진 야광찌 같았다.

"머리는 감지 못해 부스스하고 가슴 한쪽은 푹 꺼진 데다 혈액 주머니까지 차고 있는 사람한테 같이 도망가자고 할 수는 없잖아요. 물론 그러자고 했다면 따라나섰겠지만…… 일단 사람부터 살리고 봐야겠더군요."

"어차피 일 년 정도 살다가 같이 죽을 생각 아니었나요?"

내 말에 남자가 고개를 돌려 내 얼굴을 무섭게 쏘아보았다.

"그건…… 다른 문제지요. 우리가 원한 건 둘이 함께 사는 것이었고 마지막을 같이하는 것이었지, 뭔가를 같이 이루기 위해 살아가는 것도 아니었고 우리만 살아남자는 것도 아니었으니까요. 나나 그 사람이나 살아가는 일에는 미련이 별로 없었으니까. 그런데…… 둘 다 살아남아서 계속 살아가야만 하는 상황에 직면하게 된 거지요."

낚시터에 드리워진 야광찌의 불빛이 더는 살아갈 수도, 살아남을 수도 없는 운명에 처한 물고기들을 유인하는 불빛이라면, 아파트 단지의 창을 밝히는 불빛은 오늘 하루도 살아남았으니 안심하라는 애잔한 신호처럼 보였다.

‘살아가다’, ‘살아나다’, ‘살아남다’는 문제없지만, ‘살아내다’
와 ‘살아지다’는 아무래도 어색한 표현이다.

새다
세다

밤이 새고 날이 샌다. 그런가 하면 밤을 꼬박 새우거나 날을 홀딱 새우기도 한다. 마찬가지로 밤이 지새고 날이 지새기도 하고 밤을 지새우고 날을 지새우기도 한다. 그러다 보면 어느덧 머리가 허옇게 세기도 하고…….

그러니 '밤을 새서 일했다'라는 표현은 '밤을 새워서 일했다'라고 써야 어법에 맞는다. 다만 '밤새 일했다'처럼 '밤새'를 붙여 쓰면 '밤사이'의 준말이 되니 문제 될 것이 없다.

머리카락이나 수염 따위의 털이 희어지거나 얼굴에 핏기가 없어진다는 뜻인 '세다'는 '머리가 허옇게 쉬어 버렸다'와 같이 '쉬다'와 헷갈릴 수 있지만, '쉬다'는 음식이 상할 때 쓰는 표현이라 '머리가 허옇게 세었다(셌다)'라고 써야 맞는다.

일을 할 땐 일 때문이라는 핑계를 댔는데 일 없이 지내면서도 희붐하게 동이 틀 때까지 밤을 꼬박 새우곤 한다. 억지로라도 잠을 청해 볼 요량으로 마시는 술도 더는 효과가 없어 선잠에 들었다가 금세 깨 버리고 만다. 그래서 머리가 허옇게 세는 걸까.

"원래 염색은 안 하는 모양이죠?"

남자가 묻는다.

"아직 그럴 만큼 세지는 않았는걸요, 뭐."

"나도 머리가 더 허옇게 세더라도 염색할 생각은 없어요. 되레 반가울 때도 있는걸요. 할 수만 있다면 어서 나이 들어 버리고 싶으니까요."

　'새다'는 '새(어), 새니, 새는, 샌, 샐, 새었(샜)다'로, '세다'는 '세(어), 세니, 세는, 센, 셀, 세었(셌)다'로 쓴다.

설레다
에다

누군가를 생각하는 것만으로도 마음이 들떠서 두근거리는 것은 설레는 것이지 설레이는 것은 아니다. 그 사람을 보지 못하는 것은 가슴을 에는 일이지 에이는 일은 아니다. 그 때문에 뭘 해야 좋을지 몰라 정처를 잃는 것은 헤매는 것이지 헤매이는 것은 아니다. 마음 한쪽이 아픈 것은 누군가 발길질이라도 한 것처럼 걷어차인 것 같기 때문이지 걷어채인 것 같기 때문은 아니다. 아픈 마음이 마치 후벼 파인 듯한 것 또한 파인 마음 때문이지 패인 마음 때문은 아니다.

설레는 것은 당할 수도 없고 시킬 수도 없는 일이다. 이것마저 당하고 시킨다면 돌아가 기댈 마음은 어디에도 없으리라. 그러니 '-이-'를 붙일 수 없다. '헤매다'도 마찬가지다. 다만 '에다'는 '에이다'라는 당하는 말이 있어 '가슴을 에는'과 '가슴이 에이는'을 같이 쓸 수 있다. 걷어차이고 파인 것은 이미 당한 것이니 두말할 필요도 없고.

'설레다'는 '설레(어), 설레니, 설레는, 설렌, 설렐, 설레었 (렜)다'로, '에다'는 '에(어), 에니, 에는, 엔, 엘, 에었(엤)다'로 쓴다.

쇠다
슬다

동사 '쇠다'와 '슬다' 둘 다 뜻이 많다.
우선 '쇠다'에는 다섯 가지 뜻이 있다.

1. 채소가 너무 자라서 줄기나 잎이 뻣뻣하고 억세게 되다.
2. 한도를 지나쳐 좋지 않은 쪽으로 점점 더 심해지다.
3. 성질이나 성품이 나빠지고 비틀어지다.
4. 통나무 따위가 오래 묵어서 나뭇결이 바르지 않게 되다.
5. 명절이나 기념일을 맞이하여 지내다.

그리고 '슬다'에는 무려 여덟 가지 뜻이 있다.

1. 식물이 습기로 물러서 썩거나 진딧물 같은 것이 붙어서 시들어 죽어 가다.
2. 몸에 돋았던 부스럼이나 소름 따위의 자국이 사라지다.
3. 형체나 현상 따위가 차차 희미해지면서 없어지다.
4. 쇠붙이에 녹이 생기다.
5. 곰팡이가 생기다.
6. 벌레나 물고기 따위가 알을 깔기어 놓다.
7. 쇠붙이를 불에 달구어 무르게 하다.
8. 풀이 센 빨래를 잡아당겨 풀기를 죽이다.

'쇠다'는 '쇠어(쇄), 쇠니, 쇠는, 쇤, 쇨, 쇠었(쇘)다'로, '슬다'는 '슬어, 스니, 스는, 슨, 슬, 슬었다'로 쓴다.

명절을 쇠고 나면 녹이 슨 쇠붙이나 곰팡이가 슨 빵처럼, 또는 한쪽이 잔뜩 슬어 버린 화초처럼 그렇게 시들어 버리곤 한다. 명절을 지낸다는 뜻 말고 '쇠다'라는 동사의 나머지 네 가지 뜻이 모두 좋지 않은 내용을 담고 있는 것이 과연 우연일까. 이렇게 억지를 부려야 할 정도로 명절이나 기념일이 돌아오는 것이 싫다. 내겐 그저 '쇠는 날'이고 '스는 날'일 뿐이다.

숨다
숨죽이다

보이지 않게 몸을 감출 때, 또는 겉으로 드러나지 않고 잠재
돼 있을 때 숨었다고 한다. 제대로 숨기 위해서는 숨어들어야
하고 때로는 숨죽여야 할 때도 있으리라. 말하자면 숨어 지내
는 것이다.

'숨어들다', '숨죽이다'는 붙여 쓰고, '숨어 지내다'는 띄어
쓴다.

어머니와 병원에서 지내던 때가 떠오른다. 아, 그 지겨운 병
원 냄새. 동이 트기도 전에 채혈실 간호사들이 병실을 돌아다
니며 환자들의 피를 뽑곤 했다. 모닝콜이 아니라 모닝블러드
인 셈이랄까. 새벽마다 주삿바늘에 찔리면서 깨어나는 기분은
어떨까.

피를 자주 뽑다 보면 혈관이 보이지 않게 된다고 간호사들
은 말했다. 혈관이 숨어 버린다고.

"얘들도 반복해서 찔리다 보면 스트레스를 받는지 숨어 버
려요. 양쪽 팔에서도 혈관을 찾지 못하면 하는 수 없이 발가락
사이에 꽂고 뽑기도 하죠."

간호사가 피를 뽑아 가고 나면 어머니는 잠이 덜 깬 얼굴로
볼멘소리를 하곤 했다.

"저 사람들은 매일 내 피를 뽑아 가서 뭐 한다니?"

"검사하는 거죠, 이것저것."

"무슨 놈의 검사를 매일 한다니. 지겨워 죽겠네, 정말."

그리고 사나흘에 한 번쯤은 채혈이 끝난 뒤에도 다른 검사를 받기 위해 눈을 비비며 아래층에 있는 검사실로 내려가야 했다. 어머니를 휠체어에 태우고 유난히 큰 병원 엘리베이터에 오르면 세상이 무섭도록 조용했다. 우우우웅 하며 엘리베이터 움직이는 소리가 마치 주삿바늘을 피해 숨어 버리는 혈관처럼, 세상이 그렇게 우리만 남겨 놓고 어딘가로 도망가는 소리처럼 들렸다.

"어머니."

"응?"

"우리 퇴원하면 다시는 병원에 오지 마요."

"그럼 당연하지. 에이고, 난 정말 병원이 싫다. 너도 고생이고. 나중에 또 이 모양이 되면 그땐 제발이지 돈 들여서 이렇게 살려 놓지 마라, 에이고."

엘리베이터가 멈추면 나는 휠체어를 밀고 나가기 전에 아주 깊게 숨을 들이쉬곤 했다. 도망가는 세상에게 잘 가라고 인사하듯이.

싸다
쌓다

　물건을 가방이나 보자기에 넣어 묶거나 주위를 빙 둘러 막는 건 싼다고 하고, 차곡차곡 포개거나 다지는 건 쌓는다고 한다.

　기본형으로는 충분히 가려 쓸 수 있어도 문장 안에서 변할 땐 헷갈리기 쉽다. ㅎ 받침이 들어가는 동사는 소릿값이 분명하지 않을 때가 많아 말하는 대로 적으면 뜻이 전혀 달라지니 주의해야 한다.

　'요새 주위를 벽으로 둘러싸기 위해 그 주위를 빙 둘러서 차곡차곡 벽을 쌓는다', '책과는 담을 쌓고 지낸다는 말은 실제로 책이 가득한 책장에 싸인 채 숨어 지낸다는 뜻이 아니다', '여행 가방을 쌀 때마다 이번 여행에선 또 어떤 추억을 쌓을지 기대돼 설레고, 돌아와서는 여전히 나를 에워싸고 있는 여행지의 공기 때문에 그리움이 쌓인다'와 같이 쓴다.

　'싸다'는 '싸, 싸니, 싸서, 싸고, 싸면, 싸는, 싼, 쌀, 쌌다'로, '쌓다'는 '쌓아, 쌓으니, 쌓아서, 쌓고, 쌓으면, 쌓는, 쌓은, 쌓을, 쌓았다'로 쓴다. ㅎ 받침이 들어간 동사는 어떤 경우에도 ㅎ 받침이 사라지지 않는다는 걸 늘 머릿속에 담아 두면 헷갈릴 일은 없다.(단, '놓다'의 당하는 말인 '놓이다'를 '뇌다'로, '쌓다'의 당하는 말인 '쌓이다'를 '쌔다'로 줄여 쓸 때처럼 준말인 경우는 예외다.)

쌔다
쌔고 쌨다

'쌔다'는 '싸다'의 당하는 말인 '싸이다'와 '쌓다'의 당하는 말
인 '쌓이다'의 준말이기도 하지만 '쌔고 버리다' 또는 '쌔고 쌨
다'에서처럼 '쌓이고 쌓여 넘칠 만큼 많다'라는 뜻으로도 쓰
인다.

'울지 마. 쌔고 쌘 게 남잔데 그깟 실연 좀 당했다고 울고 그
래', '보자기에 단단히 쌘 것처럼 보였는데 그렇게 쉽게 풀어질
줄 누가 알았겠어'라고 쓸 수 있다.

남자에겐 그야말로 쌔고 쌘 날들이 남아 있다. 누군가는 단
하루도 아쉽겠지만, 누군가는 어서 시간이 흘러 그 쌔고 쌘 날
들이 하루빨리 지나가기를 바랄 수도 있다. 시간은 그저 속절
없이 흐를 뿐인데 시간 안에 놓인 사람의 생각은 저마다 다르
니 사람의 처지나 생각이야말로 쌔고 쌘 모양이다.

아물다

아물리다

'아물다'는 부스럼이나 상처가 다 나아 살갗이 맞붙는다는 뜻이다. '채 아물지 않은 상처를 자꾸 건드리면 덧난다'와 같이 쓴다.

'아물리다'는 '아물다'의 시키는 말로도 쓰지만 벌어진 일을 잘되도록 어우르거나 잘 맞출 때 또는 일이나 셈을 끝낼 때도 쓴다. 그러니 '상처를 잘 아물려서 덧나지 않았다'라고 쓰기도 하지만 '말을 어떻게 아물려야 할지 모르겠다'라거나 '장사가 끝났으니 오늘 하루치 계산을 아물리는 일만 남았다'라고 쓸 수도 있다.

남자가 받은 상처는 아물지 않을 것이다. 어떤 상처는 평생 아물지 않기도 하니까. 하지만 남자는 자신이 여자의 가족에게 준 상처 때문에 더 괴로워했다. 내게 결혼했느냐고 물었던 것도 그 때문이리라. 내가 홀몸이 아니었다면 아마도 남자는 자신의 이야기를 선뜻 들려주지 못했을 것이다. 설령 이야기를 시작했더라도 제대로 아물리지 못했으리라. 나를 누군가의 남편으로 생각했다면 이야기를 쉽게 꺼낼 수 없었을 테니까.

악물다
앙다물다

   둘 다 어금니를 꽉 깨문다는 뜻이지만, '악물다'는 무언가를 단단히 결심하거나 참고 견딜 때 주로 쓰고, '앙다물다'는 힘을 주어 꽉 다무는 행동을 표현할 때 많이 쓴다.

   화상 환자를 치료하는 모습을 본 적이 있다. 마취도 하지 않고 딱딱하게 굳은 환부를 칼로 긁어내는 광경은 지켜보는 사람마저 고통스럽게 만든다. 환자는 환자대로 생살을 도려내는 아픔을 참느라 이를 악물고, 의사는 또 의사대로 긴장감에 어떻게든 치료 시간을 단축해 환자의 고통을 덜어 주려 이를 앙다물고 애쓴다.

   '앙다물다'를 찾다가 '앙구다'라는 동사를 발견했다. '음식 따위를 식지 않게 불 위에 놓거나 따뜻한 데 묻어 두다, 음식을 곁들이다, 사람을 붙여 보내다'라고 풀이돼 있다. 그중에서 첫 번째 뜻이 재미있다. 나 어릴 땐 늦게 귀가하는 아버지의 밥그릇이 늘 아랫목을 차지했는데, 담요를 들척일 때마다 담요 아래 묻어 둔 밥뚜껑이 열려 밥알이 담요에 들러붙곤 했다. '앙구다'라는 동사와 함께 앙구는 일은 이제 추억으로만 남게 되었다.

애끊다
애끓다

‘애끊다’는 ‘몹시 슬퍼서 창자가 끊어질 듯하다’라는 뜻이고, ‘애끓다’는 ‘몹시 답답하거나 안타까워 속이 끓는 듯하다’라는 뜻이다.

‘창자가 끊어질 듯하다’라는 뜻풀이가 가능한 이유는 ‘애’가 ‘근심에 싸여 초조한 마음’이라는 의미도 있지만, 옛말로는 ‘창자’를 뜻하기도 하고 명태 같은 생선의 간을 말하기도 하기 때문이다.

그러니 ‘애끊다’와 ‘애끓다’는 창자가 끊어지거나 끓는 것이다. 상상하기 어렵다. 지나치게 극단적이기도 하고. 이럴 땐 그냥 ‘초조한 마음’ 정도로 푸는 것이 좋지 않을까. 그래야 ‘애먹다, 애쓰다, 애타다’ 같은 표현도 쓰기 쉬울 테니까.

“그렇지 않습니다.”

남자가 내 말을 반박하고 나섰다. 그러면서 자신의 아버지 얘기를 들려주었다. 한국 전쟁이 터져 온 가족이 피란길에 올랐다가 구사일생으로 집에 돌아온 날, 남자의 할머니는 가족들을 먹이기 위해 밥을 안치고 텃밭에 일구어 두었던 열무를 뽑으려다가 그만 불발탄이 터져 폭사했단다. 남자의 할아버지가 얼른 할머니에게 달려가 보니 배가 터져 창자가 쏟아져 나왔는데도 아직 숨이 붙어 있었다고. 남자의 할아버지는 부랴부랴 할머니를 안고 냇가로 뛰면서 남자의 아버지에게 쏟아진

창자를 들고 따라오라고 외쳤단다. 남자의 아버지는 제 어미가 쏟아 놓은 창자를 손에 들고 아버지를 따라 냇가로 뛰어가서는 흙이 잔뜩 묻은 창자를 씻어 다시 어미의 배 속에 넣으려했지만 그땐 이미 숨이 끊어진 뒤였다고.

"그때 아버지 나이가 열다섯이었어요. 어미의 창자를 손에 그러담고 냇가로 뛸 때 창자에는 아직 온기가 남아 있었을 겁니다. 애끊는 심정이나 애끊는 마음이라는 말, 전혀 과장된 게아닌 셈이죠. 아버진 돌아가실 때까지 열무는 전혀 입에 대지않으셨어요."

얽어매다
옭아매다

각각 '얽매다'와 '옭매다'에서 왔고, 더 멀리는 '얽다'와 '옭다'에서 왔다.

둘 다 사람을 꼼짝 못하게 잡아매 구속한다는 뜻으로 쓰지만, '옭다'에는 '얽다'에는 없는 뜻이 있다. 바로 올가미를 씌우거나 함정에 빠뜨려 죄를 덮어씌운다는 뜻이다.

그러니 누군가를 함정에 빠뜨려 빼도 박도 못하게 죄를 덮어씌울 때는 '얽어매다'보다 '옭아매다'가 어울리는 표현이겠다.

'얽다'의 당하는 말은 '얽히다'이고 '옭다'의 당하는 말은 '옭히다'이며, '얽매다'의 당하는 말은 '얽매이다'이고 '옭매다'의 당하는 말은 '옭매이다'이다. '얽어매다'와 '옭아매다'의 당하는 말은 되도록 쓰지 않는다.

"국어사전에서 동사를 찾아보면 말이죠……."

남자가 사전을 뒤적이는 내게 다가와 조용히 말했다.

"공통점이 한 가지 있습니다. 뭔지 아시겠습니까?"

뜬금없이 뭘 묻는 건가 싶어 나는 그저 멀거니 남자의 얼굴을 바라보기만 했다.

"모두 '-다'로 끝난다는 겁니다. 하나도 빠짐없이 '-다'로 끝나죠."

나는 그제야 남자가 뭘 묻는지 깨닫고 '난 또.' 하는 표정으로 대꾸했다.

"그야…… '-다'가 기본형을 만드는 종결 어미니 그럴 수밖에 없겠죠."

"바로 그겁니다. 기본형. 그게 족쇄라는 거죠."

"예?"

다시 남자를 쳐다보았을 때 남자의 표정이 사뭇 진지해 차마 고개를 돌릴 수 없었다.

"좋게 말하면 모든 우리말 동사의 기본형은 '-다'로 끝난다고 할 수 있지만, 달리 말하면 모두 '-다'라는 족쇄에 얽매였다고 할 수도 있으니까요. 기본형이라는 족쇄. 하나만 묻겠습니다. 말하거나 글을 쓸 때 동사를 기본형 그대로 쓰는 경우가 얼마나 되죠?"

"그야…… 거의 없죠."

"그렇죠. 그러니까 그 기본형이라는 건 말하자면 현실에는 없는 허상 같은 겁니다. 이제까지 그렇게 살아왔어요. 나 말입니다. 마치 나라는 사람의 기본형이 실제로 존재하는 것처럼. 하지만 그런 건 존재하지도 않을뿐더러 실제의 나를 얽어매고 옭아매는 족쇄에 불과하다는 걸 깨달은 겁니다."

엇나가다
헛나가다

금이나 줄 따위가 비뚜로 되거나 비위가 틀려 말이나 행동이 비뚜로 나가거나 일 따위가 계획했던 것과 달리 잘못될 때 '엇나가다'라고 한다. 반면 '헛나가다'는 아무렇게나 되는대로 나갈 때만 쓴다.

'자꾸만 엇나가는 아이를 다그치다가 화를 참지 못해 말이 헛나가는 바람에 아이를 잘 다독여 보겠다는 계획이 모두 엇나가고 말았다'와 같이 쓴다.

집에 다니러 온 동생이 취기를 핑계로 마치 엇나가는 사춘기 아이처럼 굴었다. 그냥 넘어갈 수도 있었는데 우울감 때문이었는지 나도 모르게 주먹을 뻗고 말았다. 헛나간 것이다. 동생에게 뻗어야 할 주먹이 아니라 내게 뻗어야 할 주먹이었다. 어려서도 싸우지 않던 형제가 마흔이 훌쩍 넘은 나이에 부모 앞에서 뒤엉켜 죽이느니 살리느니 하며 드잡이를 했다. 엇나가도 한참 엇나간 셈이다.

소란이 정리되고 나서 내가 동생에게 말했다.

"오늘 네가 재수가 없었다. 내가 요즘 상태가 안 좋은데 네가 울고 싶은 놈 뺨 때린 꼴이 돼 버렸으니까. 그러니 너무 기분 나빠 하지 마."

그러고는 정말이지 오랫동안 울음을 꾹꾹 눌러 참아 온 아이처럼 엉엉 울고 말았다.

여위다
여의다

살이 빠지거나 살림살이가 구차해지거나 빛이나 소리가 점점 잦아들 때 '여위다'를 쓴다. 그런가 하면 '여의다'는 부모나 배우자가 죽어 이별하거나 딸을 시집보내거나 누군가를 멀리 보낼 때 쓴다.

'여위다'는 '여위어, 여위니, 여위는, 여윈, 여윌, 여위었다'로 쓰고, '여의다'는 '여의어, 여의니, 여의는, 여읜, 여읠, 여의었다'로 쓴다.

엄밀하게 따지면 아들을 결혼시켜 딴살림을 내보내는 건 여읜다고 하지 않는다. 예전에는 아들은 장가들인다고 하고 딸은 시집보낸다고 했으니 그 상황에 어울리는 표현이었지 싶다. 요즘은 사정이 많이 달라졌을까? 어쨌든 남녀를 가린 표현이니 주의해서 써야겠다. 양성평등에 어긋나는 표현이니까.

여자의 아버지는 여읜 딸은 더 이상 자식이 아니라고 여기는 옛날 사람이었다. 언젠가 여자는 아버지 친구분들이 모인 곳에 아버지를 모셔다 드린 적이 있다. 됐으니 그만 가 보라는 말도 없이 여자의 아버지는 친구들이 장기를 두는 자리에 끼여 앉았다. 이러지도 저러지도 못하고 엉거주춤 문가에 서 있는데, 친구분 중 한 분이 여자 쪽을 힐끔거리고는 "자녀가 몇이라고 했지?" 하고 여자 아버지에게 물었다. 그러자 여자의 아버지는 조금도 망설이지 않고 "나? 아들 하나지."라고 대꾸했다. 여자는 그 순간 스스로를 여읜 것처럼 몸서리가 나서 저도 모르게 무릎을 꺾고 말았다.

우러나다
우려내다

    장맛이 우러나고 차가 우러나고 국물이 우러나고 슬픔이 우러난다. 우러나게 만드는 것을 우려낸다고 한다. 장맛을 우려내고 국물을 우려내고 슬픔을 우려낸다.

    액체 속에 잠겨 있는 물질의 빛깔이나 맛 따위의 성질이 액체 속에 배어들거나 생각이나 감정, 성질 따위가 마음속에서 저절로 생겨날 때는 우러난다고 하고, 그렇게 만들 때는 우려낸다고 한다. 단, '우러나오다'라고 쓸 때는 생각이나 감정, 성질 따위가 마음속에서 저절로 생겨난다는 뜻으로만 쓴다.

    '우려내다'에는 꾀거나 위협해서 돈이나 물품을 뜯어낸다는 무시무시한 뜻도 있다. 흔히 '울궈내다'로 잘못 쓰는 바로 그 뜻이다. '우려먹다'라고 쓸 때도 있는데, '우려먹다'에는 '이미 썼던 내용을 다시 써먹다'라는 뜻이 있을 뿐 돈이나 물품을 뜯어낸다는 뜻은 없다. 가려 쓸 일이다.

    남자에게 시래기들깨탕 얘기를 듣고 시래기와 된장에 들깨까지 더해 우려낸 맛이 궁금했다. 하지만 도무지 끓일 재주가 없었기에 시래기들깨탕 대신 우거지된장국을 끓여 뜨끈한 국물에 찬밥을 말아 먹었다. 남자와 여자가 함께 먹던 시래기들깨탕을 떠올리자 괜스레 뜨거운 것이 목구멍으로 치올랐다. 우러나고 우려내는 건 단지 국물만이 아니었다. 슬픔이 우러난 눈물도 있으니까.

우짖다
울부짖다

새가 울며 지저귈 때 또는 사람이나 동물이 울며 부르짖을 때 우짖는다고 하고, 감정이 격하여 마구 울면서 큰 소리를 내거나 바람이나 파도 따위가 세차게 큰 소리를 낼 때 울부짖는다고 한다.

사람은 물론 새나 늑대, 심지어 개도 우짖거나 울부짖지만, 바람이나 파도는 우짖는다고 하지 않고 울부짖는다고 한다.

'우짖다'는 '우짖어, 우짖으니, 우짖으면, 우짖는, 우짖은, 우짖을, 우짖었다'로, '울부짖다'는 '울부짖어, 울부짖으니, 울부짖으면, 울부짖는, 울부짖은, 울부짖을, 울부짖었다'로 쓴다. '지저귀다'를 떠올리며 '우지져, 우지진'이나 '울부지져, 울부지진' 등으로 쓰면 어법에 맞지 않다. '짖'은 꼭 받침까지 다 써 줘야 한다.

새벽녘까지 잠들지 못하고 뒤척이다가 창밖이 희붐하게 밝아 올 무렵 난데없는 여자들의 울음소리를 들었다. 울부짖음이었다. "엄마!" 하고 부르는 소리가 내 방까지 크게 들렸다. 내가 사는 연립 주택과 나란히 붙어 있다시피 한 집에서 들려온 소리였다. "그예 할머니가 돌아가셨군." 하고 나는 조용히 중얼거렸다. 혈액암을 앓던 분이다. 집에서 삶을 마감하겠다는 건 아마도 할머니의 고집이었으리라. 그러고도 남을 분이었다.

할머니는 동네 터줏대감 같은 분이었지만, 인자해 보이거나 오지랖 넓게 이 집 저 집 궂은일을 거들어 주는 편은 아니었다. 말수가 적고 매서운 눈매에 몸도 날렵해서 어쩐지 함부로 말 붙이기 어려운 상대였다. 집을 나설 때마다 골목 이쪽저쪽을 그 매서운 눈매로 스윽 일별할 때면 마치 사감 선생님처럼 보이기도 했다. 아마도 오래된 습관이었으리라.

내가 집 앞에서 담배를 피울 때면 예의 그 매서운 눈매를 보내곤 했는데 그런 할머니의 모습을 더는 볼 수 없게 된 모양이다. 이불을 뒤집어쓰고 몸을 잔뜩 웅크렸는데도, 대책 없이 몸이 서늘해지기만 했다.

웅성거리다
웅숭그리다

여러 사람이 소란스럽게 떠드는 건 웅성거리는 것이고, 추위나 두려움 때문에 몸을 웅크리는 건 웅숭그리는 것이다. '웅숭그리다'는 특히 철자에 유의해 써야겠다.

어른들이 웅성거리기 시작하자 한쪽 구석에 모여 있던 어린 학생들은 두려움에 몸을 잔뜩 웅숭그렸다. 어른들이 그저 웅성거리고 우왕좌왕하기만 했다면, 그러고는 웅숭그린 학생들을 챙겼다면 덜 안타까울 텐데 그중 일부는 웅성거리다가 저희만 살겠다고 도망가 버렸으니 어처구니가 없게 되었다. 무슨 할 말이 있겠는가. 나 또한 이 땅에서 성인으로 산 지 삼십 년이 다 되어 가는데. 그저 웅숭그리며 사는 일에 대해 두려워하고 또 두려워할밖에.

'웅숭그리다'의 작은 말은 '옹송그리다'이다. '웅숭'이든 '옹송'이든 '-그리다'가 붙지 '-거리다'가 붙지 않는다는 걸 기억하자.

일다

일으키다

파문이 일고 여론이 일고 바람이 일고 파도가 일고 보풀이 인다. 한편, 파문을 일으키고 여론을 일으킨다고는 해도 바람이나 파도, 보풀을 일으킨다고는 하지 않는다. 도술을 이용해 바람과 파도가 몰아치게 만든다면 모를까, 그게 아니라면 바람이나 파도는 스스로 이는 것이지 일으키는 것은 아니다. 보풀 또한 옷을 함부로 입어서 보풀이 일게 만드는 것일 뿐 일으키는 것은 아니다.

마음에 파문이 일 때가 있다. 남자에게 여자 이야기를 들었을 때도 그랬다.

대학을 졸업할 무렵 여자는 친구를 만나러 산골 마을을 찾아간 적이 있단다. 사범대를 나온 친구가 산골 마을에 발령을 받은 것이다. 친구에게 다녀오겠다고 했더니 여자의 아버지가 펄쩍 뛰었다고 했다. 어디 다 큰 처녀가 밖에서 자고 올 생각을 하느냐고. 절대 안 된다고. 한 번도 그런 적 없었는데 여자는 처음으로 울고불고하면서 매달렸다나. 겨우 허락을 얻어내 버스를 여러 번 갈아타고 비포장도로를 달려 친구가 묵고 있는 곳을 찾아갔단다. 툇마루가 있는 작은 집에서 친구와 늦은 저녁을 먹고 밤이 깊어지는지도 모르고 밀린 이야기를 나누다가 머리를 맞대고 잠이 들었는데 새벽녘에 혼자 깨 보니 밖에서 무슨 소리가 들리더란다. 친구가 깨지 않게 조심조심 나가 보니 장대비가 세차게 내리고 있었다고. 도시에서 비를 만날 때하고는 달라 여자는 잠깐 멍했단다. 뭐랄까. 좀 무섭기도 하고 한편으로는 편안하기도 했달까. 그렇게 가만히 앉아 있으면 빗소리에 섞여 들거나 아니면 비에 쓸려 내려갈 것만 같은 느낌이었다고. 여자는 그렇게 아주 오랫동안 툇마루에 앉아 무릎을 감싸 안고 멍하니 비 오는 걸 구경했단다. 홀로 아주 외진 곳에 와 있다는 생각이 들었는데, 처음으로 마음이 편안했다던가.

내게도 비와 관련한 기억이 있다. 중학교 2학년 때였나. 비가 내리는 학교 운동장 한구석에서 고등학교 교복 차림의 학생이 비를 흠뻑 맞으며 트럼펫을 부는 걸 본 적이 있다. 아마도 관악부원이었을 텐데, 장마가 시작된 뒤라 소나기가 억수로 내리는 며칠 동안 그는 빗속에 홀로 서서 트럼펫을 불었다. 그 모습이 무척 인상적이었다. 오랫동안 기억에서 떠나지 않을 만큼. 그날 나 또한 여자처럼 아주 외진 곳에 홀로 떨어진 느낌을 받았던지, 더없이 편안했던 기억이 난다. 비가 여자와 내 마음에 무언가를 일게 한 것일까.

잃다
잊다

잃는 것은 무언가를 더 이상 갖지 못하는 것이고, 잊는 것은 기억하지 못하는 것이다. 열쇠를 어디에 두었는지 깜빡 잊을 때도 있고, 열쇠를 아예 잃어버릴 때도 있다. 이것저것 자꾸 잊어 건망증이 의심될 때도 있고, 아예 기억 자체를 잃어 치매가 의심될 때도 있다.

'잃다'는 당하는 말도 시키는 말도 따로 없지만, '잊다'는 '-히-'를 붙여 만든 '잊히다'라는 당하는 말이 있다. 그러니 '잊히다'에 다시 '-어지다'를 붙인 '잊혀지다'는 어법에 맞지 않다. '잊힌 말'이지 '잊혀진 말'이 아니고, '잊힐 우려가 있는 것'이지 '잊혀질 우려가 있는 것'이 아니며, '잊혀 가는 역사'지 '잊혀져 가는 역사'가 아니다. 그러니 대중가요 제목으로 유명한 '잊혀진 계절'은 '잊힌 계절'이 맞는 표현이다.

여자는 초등학교 시절을 전혀 기억하지 못한다. 집에서 지낸 시간은 기억하는데 어쩐 일인지 학교에서 보낸 시간은 까맣게 잊혔다.

"초등학교 동창이라도 만나면 이만저만 난감한 게 아니에요."

"그렇겠군요. 그런데…… 그 시절의 일을 잊은 거예요, 아니면 다른 이유 때문에 그때 일들이 모두 잊힌 거예요?"

남자가 물었다. 머릿속으로는 1970년대 중반쯤을 애써 더듬으면서.

"잊을 일도 잊힐 까닭도 딱히 없는데 이상하게 기억을 못하겠어요."

여자가 난감한 표정으로 설명했다.

"엄마 모시고 병원에 가서 진단받을 때 의사가 그러더군요. 치매라는 게 증상이 나타나기 훨씬 전에 발병하는 거라고요. 길게는 이십 년도 전에 시작되기도 한다네요."

"그런데요?"

남자가 여자의 눈을 가만히 들여다보며 물었다.

"정확히 언제부터 초등학교 때 일을 잊었는지 모르겠어요……."

"혹시…… 당신도 이미 발병이 됐다고 믿는 거예요?"

"꼭 그런 건 아니지만 당신한테는 미리 얘기를 해야 할 것 같아서요. 나중에…… 나중에 말이에요. 우리가 같이 살 수 있게 되었을 때 혹시나 내가 당신을 알아보지도 못할 지경이 되면 너무 오래 살게 두진 마요…… 그렇게 해 줄 수 있겠어요?"

남자는 선뜻 대답하지 못했다.

"당신을 그런 식으로 잊고 싶지도 않고 또 그렇게 잃고 싶지도 않아서 그래요."

"그럴게요. 약속할게요."

남자는 그렇게 말하고 여자의 손을 꼭 쥐어 주었다.

자아내다
잦아들다

'자아내다'는 '잣다'에서 왔고, '잦아들다'는 '잦다'에서 왔다.

'잣다'는 실을 뽑거나 물을 빨아 올릴 때 쓰고 '잦다'는 물기가 속으로 스며들거나 졸아들어 없어질 때, 기운이나 감정이 스며들거나 배어들거나 가라앉을 때 쓴다.

'잣다'는 '자아, 자으니, 자은, 자을, 잣게, 잣는, 잣도록, 자았다'로, '잦다'는 '잦아, 잦으니, 잦은, 잦을, 잦게, 잦는, 잦도록, 잦았다'로 쓴다. 그러니 '잣아내다'가 아니라 '자아내다'이고, '자아들다'가 아니라 '잦아들다'이다.

남자는 자신의 아버지가 젊은 시절 고향 마을에서 드난살이할 때 겪은 일이라며 내게 누에 이야기를 들려주었다. 남자의 아버지가 밤에 잠자리에 들면 누에를 치는 방에서 누에들이 뽕잎을 갉아먹는 소리 때문에 통 잠을 잘 수 없었다는 것인데, 누에들이 뽕잎을 갉아먹는 소리가 잠을 이룰 수 없을 만큼 컸다니, 어떤 소리였을지 궁금하다.

뽕잎을 갉아먹고 자란 누에는 제 몸에서 실을 자아내 고치를 만들고 그 안에서 번데기가 된 뒤 고치를 뚫고 나와 나방으로 변신한다. 아직 번데기 상태일 때 고치를 풀면 명주실을 얻을 수 있고 그 안에 든 번데기는 술안주로 먹기도 한다.

남자의 아버지는 누에들이 내는 소리가 언제쯤 잦아들까 기다리다 결국 밤을 꼬박 새우기도 했다는데, 그분에겐 미안한 말이지만 어쩐지 묘한 정취를 자아내는 이야기다. 누에와 뽕잎 그리고 잠이라.

저버리다
져 버리다

약속을 저버리고 신뢰를 저버리고 대의를 저버린다.

마땅히 지켜야 할 도리나 의리를 어기거나 남을 등지거나 배반할 때 저버린다고 한다. '져 버리다'라고 쓸 때가 종종 있는데, '져 버리다'는 굳이 뜻을 가린다면 '지다'의 '져'에 '버리다'가 붙은 말이니 경기나 승부에 패했다는 뜻이 된다. '이겨 버리다'의 반대말인 셈이다. 획 하나가 큰 차이를 만드니 조심해야겠다. 그냥 획 하나짜리 '저버리다'만 기억해 두는 것이 낫지 않을까. '져 버리다'는 자주 쓸 일이 없을 테니 말이다.

남자는 뒤늦게 찾은 사랑을 저버릴 수 없어 괴로워하는 것일까, 아니면 여자와 나눈 숱한 약속들을 저버릴 수 없어 힘들어하는 것일까. 어쩐지 둘 다 아니라는 생각이 든다. 남자가 저버릴 수 없는 건 사랑이나 약속 같은 것이 아니라, 자신이 만난 여자와 여자가 만난 자신이라는 생각이 든달까. 하나가 된 두 사람을 저버릴 수 없어 괴로워한다는 생각.

적시다
축이다

　'적시다'에는 '물 따위의 액체를 묻혀 젖게 하다, 긴장하거나 딱딱했던 감정, 정서, 지친 마음 따위를 부드러워지게 하다, 어떤 색깔이나 느낌으로 물들게 하다'라는 뜻이 있다. 반면 '축이다'에는 '물 따위에 적셔 축축하게 하다'라는 뜻만 있다.

　젖게 하거나 축축하게 할 때는 '적시다'와 '축이다'를 같이 쓸 수 있지만, 스며들게 하거나 잦아들게 할 때는 '적시다'만이 어울린다.

　가령 물기로 목을 적실 수도 있고 축일 수도 있으며 수건을 물에 적셔 이마에 얹기도 하고 수건을 물에 축여 이마에 얹기도 하지만, 커피나 우유에 빵을 적셔 먹는 걸 축여 먹는다고 하면 어색하다. 국물을 쏟아 바지를 적신 경우에도 축였다고 할 수 없고 비가 내 마음을 적실 때도 축인다고 하지 않는다.

　친구가 신장암 수술을 받게 되었다는 연락을 받았다. 다행히 초기라 수술도 간단히 끝날 테니 걱정할 것 없다고 친구는 큰소리쳤지만 그렇다고 도서관에 가만히 앉아 있을 수만은 없었다. 나는 병원으로 갔다. 수술실 앞에서 오전 내내 기다리다가 연락을 받고 병실로 올라가니 친구가 침대에 누워 있었다.

　수술을 받고 막 병실로 돌아온 환자는 적어도 한나절 동안은 식사를 하기는커녕 물도 마실 수 없다. 수술받은 부위가 아파 고통스러워하는 건 어쩔 수 없지만 목이 말라 힘들어하는 건 좀 덜어 줄 수 있다. 베수건에 물을 적셔 입가는 물론 혀까지 물로 축여 주면 그나마 견딜 수 있으니까. 혀를 닦아 주는 내게 친구가 뭐라고 중얼거렸는데, 무슨 말인지 도통 알아들을 수가 없었다.

젓다
젖다

커피에 설탕을 넣어 젓고, 달걀을 깨 거품이 일도록 젓고 고개를 젓고 노를 젓고 팔을 휘휘 내젓는다.

'젓다'는 ㅅ 받침이 들어갔으니 모음 앞에서는 '저어, 저으니, 저으면, 저은, 저을, 저었다'로 쓰고, 자음 앞에서는 '젓고, 젓노라면, 젓는, 젓도록, 젓지'로 쓴다.

'젖다'는 물이나 땀이 배어 축축하게 되거나, 어떤 영향이 몸에 배거나, 어떤 심정에 잠길 때 쓰고, '젖어, 젖으니, 젖으면, 젖는, 젖은, 젖을, 젖었다'로 쓴다.

슬픔에 젖은 채로 커피를 타 티스푼을 저으니 괜스레 마음이 휘저어지는 듯해 나도 모르게 눈물 한 방울이 흘러 그만 볼이 젖고 말았다.

종잡다
줄잡다

둘 다 어림짐작한다는 뜻의 동사다. 비슷한 뜻이지만 '종잡다'는 주로 '종잡기 어렵다', '종잡을 수 없다'의 형태로 쓰고 '줄잡다'는 주로 '줄잡아'의 형태로 쓴다.

다만 '종잡다'는 대강 짐작해 볼 때, '줄잡다'는 기준보다 줄여서 헤아려 볼 때 쓴다.

'이번 여행은 줄잡아 두 달은 걸릴 것이다' 대신 '이번 여행은 종잡아 두 달은 걸릴 것이다'라고 쓰는 건 어색하고, '무슨 말을 하는지 도무지 종잡을 수 없다' 대신 '무슨 말을 하는지 도무지 줄잡을 수 없다'라고 쓰면 그 뜻을 종잡을 수 없다.

그날 병실에서 친구는 내게 뭐라고 말했던 것일까. 종잡을 수 없는 말이었다. 다만 눈은…… 나를 무섭도록 노려보았다. 나중에 까닭을 물었지만 친구는 전혀 기억하지 못했다.

"마취가 덜 깨서 헛소리를 중얼거렸겠지, 뭐. 아무튼 애썼다. 나중에 너 수술할 땐 내가 간병해 줄게."

농담이랍시고 한마디 던지더니 친구는 그저 웃기만 했다. 남자에게 그 이야기를 들려주었더니 남자 또한 엉뚱한 소리만 했다.

"부럽네요. 내가 하고 싶었던 게 바로 그거였는데."

"네?"

"간병…… 말이에요."

죽어나다
죽어지내다

　여자만 죽어나게 만들고 자신은 그저 발만 동동 구르는 것 말고는 달리 할 수 있는 게 없어 죽을 지경이었노라고 남자는 말했다. 처음부터 이런 식으로 평지풍파를 일으킬 생각은 아니었다. 나이가 들어 머리가 허옇게 세고 나서 둘 다 더 이상 쓸모가 없어졌을 때 생을 함께할 생각이었다. 그런데 여자가 덜컥 암 진단을 받고 말았다. 여자는 가족에게 알리지 않고 치료도 받지 않겠노라고 말했고 남자 또한 동의했지만 세상일이 다 그렇듯 그들 뜻대로 되지 않았다.

　병원을 나서기 전 남자는 여자에게 말했다. 오 년이든 십 년이든 기다리겠노라고. 죽어지내는 셈 치면 그뿐이라고. 어차피 당신도 죽어지낼 수밖에 없을 테니까. 그러니 어서어서 나이 들어 아무도 거들떠보지 않을 만큼 늙어 버리라고. 그도 아니면 모두가 짐으로 여길 만큼 추레해지라고. 그러면 당신한테 달려갈 수 있을 테니까.

　"매년 시월 마지막 주 목요일에 우리가 만나던 그 소도시에서 혼자 점심을 먹겠다고 했어요. 시래기들깨탕."

　"시월 마지막 주 목요일? 특별한 의미가 있는 날인가요?"

　"아니요, 우리 둘은 물론 세상 사람들에게도 특별할 것 없는 날을 일부러 고른 겁니다. 그런 날을 좋아했거든요, 둘 다. 아무런 의미 없이 그저 지나가는 날."

쥐어뜯다
쥐어짜다

　무언가를 단단히 쥐고 뜯어내거나 마음이 답답하고 괴로워 제 가슴을 꼬집거나 잡아당길 때 쥐어뜯는다고 한다. 그런가 하면 억지로 쥐어서 비틀거나 눌러 물기를 짜내거나 눈물을 찔끔찔끔 흘리거나 떼를 쓰며 조를 땐 쥐어짠다고 한다.

　'뜯다'와 '짜다'가 '쥐다'에 붙은 것이지 '쥐이다'에 붙은 것이 아니니 '쥐여뜯다'라거나 '쥐여짜다'라고 쓰지 않는다.

　여자는 집 근처 벤치에 나와 앉아 멀거니 먼 산을 바라보는 게 유일한 취미였다. 그러다가 이따금 누구든 자기 앞을 지나는 사람을 붙들고 당신 이야기를 들어줄 테니 내 이야기를 들어줄 수 없겠느냐고 청하고 싶다는 엉뚱한 생각을 하기도 했다. 가슴을 쥐어뜯거나 쥐어짤 정도는 아니어도 갑갑하고 답답한 마음을 다스릴 길 없을 때가 있는 법이니 충분히 이해가 되고도 남는다. 그 무렵 여자는 남자를 만났다. 여자의 이야기를 제 이야기처럼 들어주는 사람.

　어느 날 전화기 저편에서 여자가 남자에게 물었다.

　"뭐 하고 있었어요?"

　"전화 받기 전에요?"

　"네."

　"어, 그게 그러니까……."

　남자는 얼른 대답을 못 하고 머뭇거렸다.

"왜요? 무슨 나쁜 짓이라도 하고 있었어요?"

남자가 당황해하는 것이 재미있었는지 여자가 한껏 장난스러운 목소리를 냈다.

"아니요, 그런 건 아닌데……."

"그런데 왜 말을 못 해요? 이거 수상한데?"

여자의 장난기 섞인 목소리가 남자의 옆구리를 연방 쿡쿡 찔러 댔다. 남자는 하는 수 없이 사실대로 털어놓았다.

"사실은…… 방바닥에 앉아서 발뒤꿈치 쥐어뜯고 있었어요."

실제로 남자는 손톱깎이를 들고 뒤꿈치 전체에 티눈처럼 박인 굳은살을 쥐어뜯고 있었다. 여자는 잠깐 아무 말이 없었다. 공연한 얘기를 했나 싶어 남자가 얼른 다른 얘기를 꺼내려는데, 수화기 저쪽에서 장난기라곤 찾아볼 수 없는, 착 가라앉은 목소리가 흘러나왔다.

"그런 게, 다 닮았네요, 우리는."

쥐어 주다
쥐여 주다

'쥐어 주다'는 '쥐다'에 보조 동사 '주다'가 붙어 생긴 말이다. 손을 한번 꽉 잡아 주는 걸 뜻하는데, '쥐여 주다'와 헷갈릴 때가 많다. '쥐여 주다'는 '쥐이다'에 '주다'가 붙은 것이니 무언가를 꼭 쥐게 해 준다는 뜻이겠다. 빈손을 잡는 것보다는 무언가를 건네준다는 의미일 때 쓸 만하다.

수백억 원을 유산으로 남기거나 물려받는 부자들은 그 많은 돈 때문에 가족 간에 법정 다툼까지 벌이기도 하지만, 없는 사람들이 남길 거라곤 이름과 마음뿐이다.

명절이나 집안 행사 때면 어른들은 서로 돈 몇 푼 쥐여 주려고 승강이를 벌이곤 했다. 택시 차창 안으로 돈을 던져 넣기도 하고 뿌리치고 가는 친척을 끝까지 쫓아가서 주머니나 가방 안에 꼬깃꼬깃 접은 돈을 쑤셔 넣고 뛰어오기도 했다. 어린 마음에 어른들은 만나기만 하면 왜 저런 민망한 짓을 되풀이하는 걸까 하고 눈살을 찌푸리곤 했지만, 나이가 들고 보니 그 마음이 헤아려지고도 남는다.

그들이 서로 쥐여 주려고 애쓰는 돈이라야 몇 푼 안 되지만 그 돈에는 마음이 담겨 있다. 처지가 비슷한 친척끼리 다음에 다시 만날 때까지 별일 없이 잘 지내기를 바라는 마음. 그러니 그 얼마 안 되는 돈을 쥐여 주는 것은 손을 한번 꽉 쥐어 주는 것과 다르지 않다. 마음을 전한다는 의미에서 그렇다. 그리고

보면 '쥐어 주다'와 '쥐여 주다'는 다른 말이 아닌지도 모르겠
다. 물론 쓸 때는 구별해서 써야겠지만 말이다.

지나다
지내다

시간이 흘러가는 건 지나는 것이고, 시간을 보내는 건 지내는 것이다.

지나면서 지내고 지내면서 지난다. 어차피 시간은 흘러가게 마련이니 내가 지내지 않아도 지날 것이고 지나지 않는 것 같아도 지낼 수밖에 없으리라. 시간이 지난 흔적은 내가 머문 곳에만 남는 것은 아니어서 내 몸과 마음에도 고스란히 남을 테니까.

'지나다'에는 시간이 흐르는 것 말고도 '어딘가를 거쳐 가거나 오다'라는 공간 이동의 뜻도 있지만, '지내다'에는 시간을 보내는 것 말고 '서로 사귀어 오다'라거나 '어떤 직책을 맡은 바 있다'라는 뜻이 더 있을 뿐 공간 이동의 개념은 없다.

어머니와 병원 생활을 할 때 같은 병실에 할머니 한 분이 오랫동안 입원해 있었다. 통증 때문에 밤낮으로 앓는 소리를 냈지만, 딱히 원인을 알 수 없어 이런저런 검사만 되풀이할 뿐이었다. 입퇴원을 반복해서인지 보호자도 입원할 때 모셔 오고는 한 번도 찾아오지 않은 눈치였다. 병실 사람들이 수군거리는 이야기에 따르면 찾아오더라도 간호사실이나 담당 의사에게 들렀다가 간병인만 보고 가 버린다는 것이었다.

하루는 젊은 수련의들이 회진 전에 미리 병실을 돌다가 그 할머니 상태를 확인하면서 짜증을 낸 적이 있다.

"할머니 어디가 아프시다고요? 여기요? 여기가 아프신 거예요? 혹시 여기가 아프신 건 아니에요? 아니라고요? 그러니까 분명히 여기가 아프시다는 거죠?"

"아이고, 몇 번을 얘기해야 돼요. 남은 아파 죽겠는데."

할머니가 고개도 들지 못한 채 끙끙 앓는 소리로 대꾸했다.

"할머니 여기는요, 신경이 지나는 자리가 아니라서 아플 수가 없는 곳이에요. 아시겠어요? 자꾸 이렇게 아프지도 않으면서 아프다고 꾀병 부리시면 저희도 정확하게 진단을 내릴 수가 없어요. 그럼 치료도 할 수 없는 거라고요. 아시겠어요?"

그러고는 저희끼리 차트를 보며 뭐라고 중얼거리더니 가운을 휘날리며 휑하니 나가 버렸다.

어머니를 비롯한 병실의 할머니들이 앞다투어 한마디씩 했다.

"아이고, 젊은 놈이 의사라고 말하는 본새 좀 봐. 아니, 지 할머니 같은 어른이 아프다고 하는데 꾀병이 뭐야, 꾀병이."

그러자 젊은 여성 하나가 답답하다는 듯 의사를 두둔하며 끼어들었다.

"계속 아프다고는 하는데 원인은 모르겠고 그러니 짜증도 나겠죠. 가족들도 포기한 것 같은데요, 뭐. 그리고 신경이 지나지 않는 곳은 원래 아픔을 느낄 수 없어요."

잠시 뒤에 머리가 허옇게 센 과장과 함께 수련의들이 병실로 들어섰다. 예의 그 수련의는 과장에게 할머니의 병세를 설명하면서 좀 전에 환자에게 했던 말을 반복했다. 그러자 과장이 머리를 숙여 할머니 귓가에 입을 대고 "할머니, 오늘은 지낼 만하셨어요? 어디가 또 아프셨어요?" 하고 큰 소리로 물었다. 기가 죽은 할머니가 기어드는 소리로 뭐라고 대꾸를 하는 것 같았다. 과장은 "네, 네."를 몇 번 반복하더니 수련의들을 향해 말했다.

"자네들 눈엔 사람이 기계로 보이나? 환자가 아프다면 일단 그 아픔을 덜어 줄 생각을 해야지, 신경이 지나는 자리가 뭐 어째? 사람 몸의 신경은 죄다 심장에만 모여서 안 좋은 일을 겪으면 그렇게 마음이 아픈 거야 그럼? 너무 그러지들 마, 이 사람들아. 자네들도 늙어. 나이 들면 온몸이 아픈 거야. 심지어는 머리카락도 아파. 알아? 아직은 지낼 만하니까 그렇게 당당할 수 있다는 것만 알아 두라고."

그러고는 다른 환자를 살피러 병실을 나갔다. 수련의들이 급하게 쫓아 나가고 난 뒤 병실 안에선 할머니의 앓는 소리 말고는 아무 소리도 들리지 않았다.

지르다
지르잡다

    '지르다'에는 '지름길로 가깝게 가다, 목청을 높여 소리를 크게 내다'라는 뜻 말고도 '잘 가꾸려고 곁순 따위를 자르다, 힘찬 기운을 꺾다, 술이나 약 따위를 다른 약에 타다, 짙은 빛으로 옅은 빛의 옆을 칠하여 옅은 빛이 더 도드라지게 하다'라는 뜻도 있다.

    '지르잡다'는 옷 따위의 한 부분만이 더러워졌을 때, 그 부분만을 걷어쥐고 빠는 걸 말한다. 들을 땐 무슨 말인가 싶다가도 뜻풀이를 보고 나면 "아, 그거." 하게 되는 낱말이다.

    '지르잡다'는 '지르다'와 '잡다'가 결합된 말이다. '신이나 버선 따위를 뒤축이 눌려 밟히게 신다'라는 뜻의 '지르신다'와 비슷한 조합인 셈이다. '지르신다'에 붙은 '지르다'가 '힘찬 기운을 꺾다'라는 뜻이라면, '지르잡다'의 '지르다'는 '잘 가꾸려고 곁순 따위를 자르다'라는 뜻이리라.

    그런데 '지르다'의 용례에는 '여자가 남자 얼굴처럼 생기다'라는 뜻의 '남상(을) 지르다'도 있다. 남상(男相) 자체가 '남자 얼굴처럼 생긴 여자의 얼굴'을 말한다는데, 그렇다면 여기에 쓰인 '지르다'는 무슨 의미일까. 자연스럽게 '여상'을 찾았다. 하지만 '여상 지르다'라는 말은 없다. 여상(女相)은 당연히 '여자 얼굴처럼 생긴 남자의 얼굴'이란 뜻의 낱말이지만, 따로 '지르다'를 붙여 쓰지는 않는 모양이다. 뭔가 냄새가 난다. 여기서

'지르다'는 틀림없이 부정적인 의미이리라. 그러니까 여자 얼굴을 타고난 남자보다 남자 얼굴을 타고난 여자가 훨씬 팔자가 드셀 거라는 의미.

저 옛날에 살았을 법한 한 여자의 얼굴이 눈앞에 떠오른다. 쪽진 머리에 비녀를 지른 채, 늘 술에 절어 사는 남편을 위해 약을 지르고 있는 여자. 어려서부터 남자처럼 생겼다고 놀림도 숱하게 받았지만, 초례청 앞에서 마주 선 남자가 싸늘한 표정으로 얼굴을 돌렸을 때 받은 모멸에 비하겠는가. 남자의 얼굴이 더 곱다는 수군거림이 주먹처럼 여자의 얼굴을 질러 댔다. 자신의 얼굴이 남자의 얼굴을 더 빛나도록 질러 댄 꼴이다. 여자는 처음으로 자신의 인생에 온통 불을 싸질러 버리고 싶었지만, 그저 분만 지를 뿐 달리 할 수 있는 것이 없었다. 약주를 줄이라는 자신의 말은 늘 남자의 싸늘한 표정에 질리기 일쑤였고 그때마다 여자는 그저 속으로만 소리를 지를 뿐이었다. 남자의 옷을 지르잡을 때면 여자는 자신의 얼굴도 이렇게 지르잡을 수는 없나 하는 생각에 저도 모르게 손아귀에 힘이 들어가곤 했다. 누군가 지르신어 구겨진 신발 같은 자신의 삶이 어서 질러가기만을 바랐다. 어서어서 늙어 얼굴이 더 이상 아무런 의미가 없어지기를 바랐다. 그렇게 여자는 늙어 갔다. 그리고 마침내 여자의 얼굴에선 곁순이 질려 곧게 자란 나무처럼, 모난 부분이 질려 편하게 앉아 쉴 수 있게 된 돌처럼, 연한 빛이 더 도드라진 그림처럼 이제야말로 광채가 나기 시작했다.

지치다
짓치다

기운이 빠지거나 의욕을 잃었을 때 지친다고 하고 얼음 위를 미끄러지며 달릴 때도 지친다고 한다. '얼음 위를 지치는 빙상 선수들'과 같이 쓴다. 간혹 '짓치다'로 쓸 때가 있는데, '짓치다'는 '치다'에 '짓-'이 붙어 강조된 말로, 함부로 마구 친다는 뜻이니 가려 써야겠다. '적군이 아군 진영으로 짓쳐들어온다'와 같이 쓴다.

한 일 년쯤 스케이트를 탄 적이 있다. 일요일이면 가방에 스케이트를 담아 메고 아이스링크에 다녔다. 살면서 유일하게 즐긴 운동이자 취미 생활이었다. 처음엔 놀이 정도로 여겼다가 시간이 지나면서 준비 운동도 하게 되었고 정해진 시간 이상은 지치지 않게 되었다. 특히 한여름이나 한겨울엔 아이들이 몰려와 얼음을 지치는 통에 이만저만 긴장되는 게 아니었다. 역주행은 기본이고 얼음을 지친다기보다 숫제 상대를 향해 짓쳐들어온다고 표현해야 할 정도로 막무가내여서 부딪히지 않으려고 조심하느라 몸과 마음이 금방 지치곤 했다.

'지치다'에는 문을 잠그지 않고 닫아만 둔다는 뜻도 있다. 요즘에야 디지털 잠금장치가 흔해졌지만, 예전에는 문을 닫는 것과 잠그는 것이 달랐다. 집을 비운 채로 외출하거나 밤에 식구들이 다 귀가한 뒤가 아니고서야 문을 걸어 잠그는 일은 드물었다. 다만 지쳐 두었을 뿐.

짜부라지다
찌부러지다

둘 다 속된 말처럼 들리지만 『표준국어대사전』에 오른 어엿한 한국어 동사. 물체가 눌리거나 오그라지고, 기운이나 형세 따위가 꺾여 약해지고, 망하거나 허물어질 때 쓴다. 흔히 '짜부 되다'라고 쓰는 말의 표준어다.

도서관 벤치에 앉아 있는데 바로 코앞에 은색 승용차 한 대가 서 있는 게 보였다. 주차장이 꽉 차서 어쩔 수 없이 벤치 앞에 차를 세운 모양이라고 생각했다. 아니나 다를까 아주머니 한 분이 아이 둘을 데리고 도서관에서 나와 차 쪽으로 다가오며 리모컨 키로 시동을 걸었다. 때마침 휴대 전화가 울리기에 벤치에서 일어서서 옆으로 몇 걸음 걸어가며 통화를 하는데, 갑자기 승용차가 벤치 쪽으로 돌진해서는 갓돌을 넘어 벤치를 쾅 하고 들이받는 것이 아닌가. 벤치는 거의 뒤로 넘어가다시피 했지만 승용차 범퍼는 갓돌 덕분인지 살짝 짜부라지기만 했다. 차 문도 만져 보지 못한 아주머니가 화들짝 놀라서 아이들을 챙기느라 정신이 없는 사이에 주위에 있던 사람들이 저 혼자 벤치를 향해 돌진한 승용차 주위로 모여들었다.

다행히 다친 사람은 없었다. 아이들도 무사했다. 앞이 찌부러진 승용차를 보며 '이런 게 급발진 사고라는 거구나.' 하고 생각하다가 나는 흠칫했다. 불과 삼십 초 전에 내가 바로 저 벤치에 앉아 있었는데……

'짜부러지다'라거나 '찌부러들다'라고는 쓰지 않는다.

척하다

체하다

둘 다 동사나 형용사 뒤에서 앞말이 뜻하는 행동이나 상태
를 거짓으로 그럴듯하게 꾸밀 때 쓰는 보조 동사다. '아는 척하
다', '모르는 척하다', '잘난 척하다', '잘난 체하다'처럼 쓴다.

'척하다', '체하다' 모두 붙여 쓰고, '알은체하다', '알은척하
다', '젠체하다'는 앞말까지 붙여 쓴다.

'알은체하다'나 '알은척하다'는 상대를 알아보고 인사를 건
넬 때 쓰는데, 흔히 '아는 척(체)하다'라고 잘못 쓰는 말의 표준
어다. '아는 척(체)하다'는 많이 알거나 잘 아는 것처럼 군다는
뜻이니 잘난 척하거나 젠체한다는 뜻이다. 그러니 '사람을 봤
으면 아는 척 좀 해라'라는 말은 '내 앞에서 잘난 척 좀 해라'라
는 뜻이 되는 셈이다.

그런가 하면 '모르는 척(체)하다'를 '모른 척(체)하다'로 쓸
때가 많다. 그런데 '모르다'는 '몰라, 모르니, 모르는, 모른, 모
를, 몰랐다'로 쓰고 '모르는'은 현재 상황을, '모른'은 과거 상황
을, '모를'은 미래 상황을 나타내니, '모른 척(체)하다'는 '나는
모르는 일이야'를 '나는 모른 일이야'라고 쓰는 것만큼이나 어
색하다. '웃기는 이야기'를 '웃긴 이야기'라고 쓰는 것과 같은
맥락이랄까. '어젯밤 우리를 웃긴 이야기는 정말이지 웃기는
이야기였다'라고 써야 하는 것처럼 '모르는 척(체)하다'라고
써야 한다. 다만 '모르다'를 의존 명사 '채'와 함께 쓸 때는 '아

무도 모른 채로 넘어가다'라고 쓰는 것이 맞는다.

아는 척도 해 봤고 모르는 체도 해 봤다. 때로는 잘난 척도 했을 것이다. 척하고 체하는 건 그렇지 못하기 때문에 하는 것이니 과하지만 않다면 귀엽게 봐 줄 만하고 하는 사람 또한 재미로 여길 만하다. 그러니 이제까지 살면서 가장 후회되는 '척과 체'는 아는 척도 아니고 잘난 척도 아니다. 그건 바로 괜찮은 척하고 괜찮은 체한 것이다. 정말 괜찮아서 그런 것이 아니었으니까. 나는 괜찮지 않다. 당신도 그런가?

추리다
추스르다

섞인 것에서 여럿을 뽑거나 골라낼 때 추린다고 하고, 몸이나 일 따위를 수습할 때는 추스른다고 한다. '추스르다'는 '간추리다'나 '추리다' 때문인지 '추스리다'로 잘못 쓸 때가 많고 '추슬리다'나 '추슬르다'로 잘못 쓸 때도 적지 않다.

'추리다'는 '추려, 추리니, 추리는, 추린, 추릴, 추렸다'로, '추스르다'는 '추슬러, 추스르니, 추스르는, 추스른, 추스를, 추슬렀다'로 쓴다. 특히 '추슬러', '추슬렀다'라고 쓴다는 데 반드시 주의하자.

여자에겐 몸과 마음을 추스를 시간이 필요하다. 치료가 완전히 끝난 것도 아니어서 몸도 엉망인 데다 마음 또한 편치 않으니 그야말로 몸과 마음이 모두 너덜너덜해진 상태이기 때문이다. 남자도 크게 다르지 않다. 밤에는 거의 잠을 못 이뤄 술기운을 빌려 겨우 잠을 청하는 눈치다. 둘 다 일단은 몸과 마음을 추슬러야 한다.

치다
-치다

비바람이 치는 시월 마지막 주 수요일에 남자는 내게 쪽지 한 장을 건네고 이렇다 말도 없이 사라졌다. 쪽지에는 그동안 고마웠다고 적혀 있었다. '당신을 만나지 않았다면 어떻게 시간을 보내야 할지 몰라 안절부절못했을 겁니다.'라고 남자는 적었다. 그리고 다음과 같이 덧붙였다. '이건 내 작은 성의입니다. 받아 주세요.'

남자가 '작은 성의'라고 표현한 건 명사에 '-치다'가 붙어 동사가 된 낱말들이었다.

가동이치다, 간나위치다, 거장치다, 격치다, 겸치다, 겹치다, 경치다, 고동치다, 고함치다, 곤두박이치다, 곤두박질치다, 곱치다, 공갈치다, 공치다, 굽이치다, 내동댕이치다, 농치다, 능갈치다, 달음박질치다, 닭치다, 덧게비치다, 도련치다, 도망질치다, 도망치다, 독장치다, 돈치다, 동댕이치다, 둔치다, 뒤재주치다, 뒤통수치다, 뒷걸음치다, 뒷북치다, 등치다, 땡땡이치다, 맞장구치다, 맴돌이치다, 메아리치다, 면치다, 몸부림치다, 몸서리치다, 물결치다, 물장구치다, 물탕치다, 벽치다, 비사치다, 비틀걸음치다, 빗발치다, 뺑소니치다, 뺨치다, 삭치다, 살줄치다, 석치다, 선소리치다, 설레발치다, 소리치다, 소용돌이치다, 손치다, 순치다, 아우성치다, 악장치다, 야단치다, 어림치다, 여울치다, 요동치다, 용솟음치다, 장난

치다, 점치다, 조바심치다, 줄달음치다, 줄행랑치다, 질탕치다, 큰
소리치다, 탕치다, 파도치다, 판치다, 패대기치다, 평다리치다, 평
미리치다, 한통치다, 합수치다, 합치다, 해치다, 헛걸음치다, 헤엄
치다, 호통치다, 홰치다, 회오리치다, 흙탕치다

치르다
치우다

주어야 할 돈을 내주거나 무슨 일을 겪어 내거나 아침, 점심 따위를 먹을 때 '치르다'를 쓴다. 술값을 치르고 큰일을 치르고 대가를 치르고 끼니를 치른다. 시험은 치르기도 하고 치기도 한다. 그러니 시험을 치르러 가기도 하고 치러 가기도 한다. 그런가 하면 '치우다'는 청소나 정리를 하거나 물건을 다른 데로 옮길 때 쓴다.

'치르다'의 뜻을 모르거나 '치르다'를 '치루다'로 착각할 까닭이 없는데도, '내가 치룬 일들' 또는 '치루고 나서', '치룰 건 치뤄야겠지'라고 쓰는 이가 적지 않다. 글깨나 쓴다고 알려진 필자들도 마찬가지다. 그러니 몰라서라기보다 습관이 제대로 들지 않아서라고 해야겠다. 그들 대신 핑계를 대 주자면 '치우다'나 '해치우다'를 떠올리다 보니 '치르다'를 '치루다'로 착각하게 된 것이리라.

'치르다'는 '치러, 치르니, 치르는, 치른, 치를, 치렀다'로 쓴다. 교정을 볼 때 가장 많이 고치는 낱말이라고 해도 과언이 아니니 간단히 무시할 것이 아니라 이참에 머릿속에 잘 담아 두는 편이 좋겠다.

남자와 여자가 치러야 할 대가가 무엇인지는 모르겠다. 그렇게 해서 얻는 것이 그들에게 얼마나 중요한지도 가늠하기 어렵다. 다만 궁금한 것은 있다. 두 사람은 정말 어떤 대가라도 치를 생각이었을까? 그 어떤 대가라도?

켜다
퉁기다

불을 붙이거나 전기 제품을 작동하게 만들 때 '켜다'를 쓴다. '키다'라고는 쓰지 않는다. 불은 켜고 끄고 전기 제품도 켜고 끈다. 간혹 켜지지 않아 애를 먹기도 하지만 그래도 켜야지 킬 수는 없는 노릇이다. 기지개 또한 켠다고 해야지 킨다고 하면 어법에 맞지 않는다. '켜다'는 '켜, 켜니, 켜는, 켠, 켤, 켰다'로 쓴다.

'켜다'에는 '바이올린을 켜다'와 같이 현악기를 활로 문질러 연주한다는 뜻도 있다. 단, 가야금이나 기타, 하프처럼 손으로 뜯어서 소리를 내는 현악기는 켠다고 하지 않고 뜯는다거나 퉁긴다거나 튕긴다고 한다.

가끔은 몸의 어떤 기능도 기계처럼 켰다 끌 수 있으면 좋겠 다고 생각하곤 한다. 마치 고등학교 동창회에서 보내는 단체 메일처럼 잊을 만하면 불쑥 찾아드는 성욕은 이제 귀찮을 지경이고 담배며 봉지 커피를 끊지 못하는 것도 짜증 나는 일이다. 무엇보다 켰다 껐다 할 수 있으면 좋겠다 싶은 것은 잠들고 깨는 일이다. 언제든 끄면 잠이 들고 켜면 다시 깰 수 있으면 좋겠다.

해어지다
헤어지다

　헤어지는 건 뿔뿔이 흩어지거나 이별하는 것이고, 해어지는 건 닳아서 떨어지는 것이다. '해지다'는 '해어지다'의 준말이고 '헤지다'는 '헤어지다'의 준말인데 두 낱말이 헷갈릴 때가 적지 않으니 가려 써야겠다.

　하긴 가족이든 연인이든 헤어지는 일은 사람의 마음을 해어지게 만드는 일이기도 하다. 갈가리 찢겨 너덜너덜하게 만드니까. 그런가 하면 해어져서 헤어지기도 한다. 오랫동안 입었던 가을 점퍼가 소매며 주머니가 해어져 너덜너덜해져서 결국 버리고 새로 장만해야 했다. 십 년도 넘게 입었던 옷이라 마치 헤어진 연인처럼 더는 곁에 둘 수 없는 상황에 적응하기가 힘들었다. 그러고 보면 '해어지다'와 '헤어지다'도 묘하게 어울린다.

해찰하다
헤살하다

'해찰하다'는 '마음에 썩 내키지 아니하여 물건을 부질없이 이것저것 집적거려 해치다, 일에는 마음을 두지 않고 쓸데없이 다른 짓을 하다'라는 뜻을 지닌 동사고, '헤살하다'는 '일을 짓궂게 훼방하다'라는 뜻을 지닌 동사다. 예스러운 표현 같지만 신문이나 잡지 등의 칼럼에도 종종 등장하는 동사들이니 새겨 두면 헷갈릴 일이 없을 것이다. 이렇듯 어엿한 동사가 따로 있는데도 말할 때는 주로 '해찰을 부리다', '헤살을 놓다'라고 쓴다.

'해'가 들어가는 데다 뜻풀이에 '해치다'라는 낱말까지 들어 있어 '해찰하다' 쪽이 훼방을 놓는다는 말로 여겨지지만, 훼방을 놓는 건 '헤살하다' 쪽이다. '해찰하다'는 정신을 다른 데 팔면서 애먼 짓을 하는 것을 일컫는다.

헤살은 생각도 없고 흥미도 느끼지 못하지만, 해찰은 나도 만만찮게 자주 하는 짓이다. 늘 잡생각에 빠져 멀거니 먼 산 바라기를 즐기는 것도 해찰한다고 할 수 있다면 말이다.

남자가 우울감에 빠지면 여자는 같이 우울해하자고 말하곤 했다. 내가 있는데 왜 우울하냐고 다그치지도 않고 대체 왜 우울한 거냐고 캐묻지도 않았다. 그저 손잡고 같이 우울해하자고만 했다. 언젠가는 꼭 그럴 수 있기를 남자는 바란다. 같이 손잡고 나란히 앉아 멀거니 먼 산을 바라보며 우울감에 젖을

수 있기를, 서로 말고는 누구의 삶에도 헤살을 놓지 않고 세상
살이에 대해서는 해찰을 부리면서 그저 함께 앉아 멀거니 비
오고 눈 내리는 모습을 바라볼 수 있기를 바란다.

희뜩거리다
희번덕거리다

'희뜩거리다'의 뜻풀이는 이렇다.

1. 갑자기 몸을 뒤로 젖히며 자꾸 자빠지다.
2. 갑자기 얼굴을 돌리며 슬쩍슬쩍 자꾸 돌아보다.
3. 현기증이 나서 기절할 듯이 매우 심하게 어지러워지다.
4. 다른 빛깔 속에 흰 빛깔이 군데군데 뒤섞여 보이다.

그런가 하면 '희번덕거리다'의 뜻풀이는 이렇다.

1. 눈을 크게 뜨고 흰자위를 자꾸 번득이며 움직이다. 또는 그렇게 되게 하다.
2. 물고기 따위가 몸을 젖히며 자꾸 번득이다.

가령 어두운 밤 창밖에 눈이 내릴 때는 어둠 속에서 눈이 희뜩거리는 것이고, 물속에서 물고기들이 비늘을 번득이며 이리저리 뒤치는 것은 희번덕거리는 것이다.

예상대로 남자는 시월 마지막 주 목요일에 도서관에 나오지 않았다. 물론 그 뒤로도 남자는 도서관에 나타나지 않았다. 그렇게 가을이 지났다. 어느 날 사전을 뒤적이다 문득 이상한 느낌이 들어 도서관 창밖을 내다보니 어둠 속에서 뭔가 하얀 것들이 희뜩거렸다. 눈이었다. 그것도 첫눈. 남자 생각이 났다. 어디서 뭘 하고 있을까. 눈을 희번덕거리며 애써 울음을 참고 있을까. 아니면 지방 소도시에 눌러앉아 그곳의 도서관을 다니고 있을까. '-다'에 얽매인 동사들을 보며 자신의 삶에서 '-다'를 떼어 내고 싶다더니 과연 그 길을 찾고 있을까.

이제 나도 도서관을 떠날 때가 된 것 같다.

2부 톺아보면 감칠맛 나는 동사

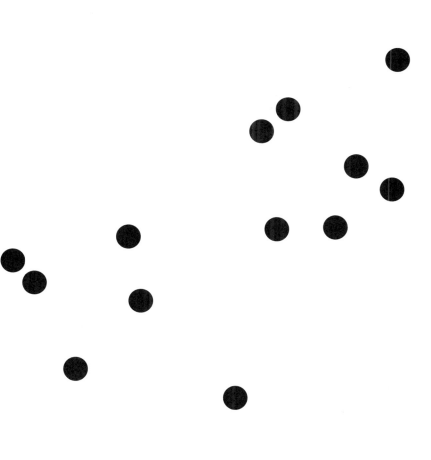

가지다 / 지니다

국어사전에 나오는 '가지다'의 뜻풀이 중에서 맨 앞쪽의 것 두 가지만 소개하면 이렇다.

1. 손이나 몸 따위에 있게 하다.
2. 자기 것으로 하다.

한편, '지니다'의 뜻풀이는 이렇다.

1. 몸에 간직하여 가지다.
2. 기억하여 잊지 않고 새겨 두다.

'손이나 몸 따위에 있게 하거나 자기 것으로 하다'와 '몸에 간직하여 가지거나 기억하여 잊지 않고 새겨 두다'라는 뜻풀이는 그다지 달라 보이지 않는다.

하지만 '가진 자와 못 가진 자'나 '아이를 가진 뒤로 체중이 많이 불었다'를 '지닌 자와 못 지닌 자'나 '아이를 지닌 뒤로 체중이 많이 불었다'라고 쓸 수 없고, '몸에 지닌 귀금속'이나 '마음에 지닌 뜻'을 '몸에 가진 귀금속'이나 '마음에 가진 뜻'이라고 쓰면 어색하다.

물론 가질 수도 지닐 수도 없는 것을 갖거나 지니게 만들 때도 어색하긴 마찬가지다. 가령 '좋은 만남을 가지다, 회합을 가지다, 의미 있는 시간을 가지다, 효력을 가지다'라고 쓸 때처

럼. 만나다, 모이다, 보내다, 띠다 등의 동사를 '가지다' 하나로
한통친 셈이다. 이렇게 뜻을 독식하는 낱말을 볼 때면 자연스
럽게 승자 독식 사회가 떠올라 씁쓸해진다.

감돌다/맴돌다

'감돌다'와 '맴돌다'는 분명 뜻이 다른데 어떻게 다른지 영
가리사니가 서지 않는다. 알 것도 같고 모를 것도 같다. 머릿속
을 감돌고 맴돌기만 할 뿐 툭 불거져 나오지 않는달까.

국어사전을 찾아보니 '감돌다'는 '어떤 둘레를 여러 번 빙빙
돌다, 어떤 기체나 기운이 가득 차서 떠돌다, 생각 따위가 눈
앞이나 마음속에서 사라지지 않고 자꾸 아른거리다'라고 나오
고, '맴돌다'는 '제자리에서 몸을 뱅뱅 돌다, 일정한 범위나 장
소에서 되풀이하여 움직이다, 어떤 대상의 주변을 원을 그리
며 빙빙 돌다'라고 풀이돼 있다.

비슷한 듯해도 어감의 차이는 느껴진다. '감돌다'가 감기듯
도는 것이라면 '맴돌다'는 맴맴 도는 차이랄까. 실제로 '맴돌
다'는 '매암을 돌다'에서 온 말로 '매암'은 제자리에 서서 원을
그리며 뱅뱅 도는 행위를 말한다.

감기듯 도는 느낌이라면 안개나 는개 속을 거닐 때 몸에 척
척 감겨 오는 물기가 떠오르고, 맴맴 도는 느낌이라면 여름날
맴맴 하고 들려오는 매미 울음소리가 떠오른다. 나를 감듯 내
주위를 도는 것이 감도는 것이라면, 무수한 동심원을 그리듯

울려 퍼지는 매미 울음소리는 맴도는 것이 아닐까.

개소리하다 / 개지랄하다

'개소리하다'는 개처럼 짖는 소리를 낸다는 뜻이 아니라, 조리도 없는 말을 허투루 지껄인다는 뜻이다. 개소리의 '개'는 '참되지 못하고 함부로 된 것'을 뜻하는 접두어다. 반대말은 '참'이어서 참살구, 개살구와 같이 나누어 쓰기도 하지만 '참'은 생략할 때가 많다.

개소리뿐만 아니라 개자식 또한 강아지를 일컫는 것이 아니라 함부로 막돼먹은 녀석이라는 뜻이고, 개꿈, 개떡, 개죽음, 개망신도 다르지 않다.

물론 동물을 뜻하는 '개'가 붙을 때도 있다. 개지랄은 개가 떠는 지랄이고, 개차반은 개가 먹는 차반, 곧 똥을 말한다. 예전엔 개들을 풀어 키운 데다 사료랄 것도 없어 사람이 먹다 남긴 밥찌끼나 제가 눈 똥을 먹기도 했으니까.

그럼 개거품의 개는? 개꿈의 개도 아니고 개차반의 개도 아니다. 게거품을 잘못 쓴 것이니까. 입에 보글보글 거품을 무는 게에 빗대어 몹시 괴롭거나 흥분한 모습을 게거품을 문다고 표현한 것이다.

겯다 / 엮다

'겯다'는 대나 갈대, 싸리 따위로 씨와 날이 어긋나게 엮어 짜는 걸 말한다. 풀어지지 않도록 서로 끼거나 걸칠 때 또는 실꾸리를 만들기 위해 실을 어긋맞게 감을 때도 쓴다.

바구니를 만들기 위해 대를 겯고 대열을 흩뜨리지 않으려고 어깨를 겯고 실을 겯어 실꾸리를 만든다.

'겯다'는 활용할 때 ㄷ 받침과 ㄹ 받침이 함께 쓰이는 터라 모음 앞에서는 '겯어, 겯으니, 겯은, 겯으면, 겯을, 겯었다'로 쓰고 자음 앞에서는 '겯고, 겯느라, 겯는, 겯도록, 겯지'라고 쓴다.

한편 '엮다'는 노끈이나 새끼 따위의 여러 가닥을 얽거나 이리저리 어긋나게 매어 묶거나 글이나 이야기를 구성하기 위해 여러 가지 소재를 일정한 순서와 체계에 맞춰 짜는 걸 말한다.

발이나 가마니를 엮고 새끼를 꼬아 굴비를 엮고 동사의 활용을 설명하기 위해 남자와 여자 이야기를 엮는다.

구슬리다 / 구시렁거리다

그럴듯한 말로 꾀어 마음을 움직이거나 이미 끝난 일을 이리저리 헤아려 자꾸 생각할 때 구슬린다고 한다. '구슬리다'는 '구슬려, 구슬리니, 구슬리는, 구슬린, 구슬릴, 구슬렸다'로 쓴다.

한편 못마땅하여 자꾸 군소리를 할 땐 구시렁거린다고 한다. '궁시렁거리다'로 잘못 쓰기 쉬우니 주의해야겠다.

구시렁거리는 아이를 잘 구슬려 숙제를 마치게 하느라 아빠는 오늘도 진땀을 뺐다. 엄마가 집에 돌아오자 이젠 아빠가 구시렁거릴 차례고 엄마는 아빠를 구슬린다. 아이는 아빠에게 구시렁거리고 아빠는 엄마에게 구시렁거리고, 아빠는 아이를 구슬리고 엄마는 아빠를 구슬린다. 가족들이 서로 구시렁거리고 구슬리다 보니 어느새 하루가 다 가고 말았다.

굴신하다 / 굽실거리다

굴신(屈身)은 몸을 앞으로 굽히는 걸 말한다. 몸을 낮춘다는 의미도 있어 겸손한 처신을 뜻하기도 하지만, 대개는 남의 비위를 맞춘다는 뜻으로 쓴다. 우리말로는 '굽실거리다'라고 쓴다.

굴신(屈伸)이라고 다른 한자로 쓰면 팔다리를 굽혔다 폈다 한다는 뜻이 되니 가려 써야겠다. 가령 '상사에게 굴신(屈身)하던 사람이 병이 들어 굴신(屈伸)하기도 어려운 처지가 되었다'처럼.

2014년 12월, '굽신거리다'도 '굽실거리다'와 같은 뜻을 지닌 복수 표준어로 인정되었다.

굽다 / 휘다

'굽다'의 뜻풀이에는 '휘다'가 들어 있고, '휘다'의 뜻풀이에는 '굽다'가 들어 있다.

굽다 한쪽으로 휘다.
휘다 1. 꼿꼿하던 물체가 구부러지다. 또는 그 물체를 구부리다.
　　　 2. 남의 의지를 꺾어 뜻을 굽히게 하다.

　과연 이 정도로 두 동사의 뜻이 똑같을까? 하긴 등이 굽는 다고도 하고 허리가 휜다고도 하니 그럴 듯도 하다. 하지만 '팔이 안으로 굽는다'를 '팔이 안으로 휜다'라고 쓰면 어색하고, '인대를 다쳐서 손가락이 구부러지지 않아요'를 '손가락이 휘어지지 않아요'라고 쓰면 이상하다. '잔뜩 휜 장대에 있는 힘껏 몸을 싣는 장대높이뛰기 선수'에서 '잔뜩 휜 장대'를 '잔뜩 굽은 장대'라고 쓰는 것도 자연스럽지 못하다.

　그러니 '굽다'와 '휘다'는 같이 쓸 수 있지만, 탄성을 갖는 사물을 묘사할 때는 '휘다'만을 쓴다고 가릴 만하겠다.

　참고로 '굽다'가 불에 익힌다는 뜻으로 쓰일 때는 '구워, 구우니, 구운, 구울, 구우면, 굽게, 굽는, 굽도록, 구웠다'로 바뀌지만, 한쪽으로 휜다는 뜻으로 쓰일 때는 '굽어, 굽으니, 굽은, 굽을, 굽으면, 굽게, 굽는, 굽도록, 굽었다'로 쓴다.

　'휘다'는 '휘어, 휘니, 휘는, 휜, 휠, 휘었다'로 쓰고, '휘다'의 당하는 말은 '휘어지다'이며 '굽다'의 당하는 말은 '구부러지다'이다. 그러니 '휘여지다'나 '구부려지다'로 쓰지 않는다.

궂기다 / 궂히다

윗사람이 죽거나 헤살이 들어 일을 그르친다는 뜻인 '궂기다'에서 온 '궂히다'는 죽게 하거나 일을 그르친다는 뜻이다.

'집안 어른이 궂겨서 친척들이 모두 상가에 갔다'라고 쓸 때 '궂기다'는 죽었다는 뜻이고, '설 때 궂긴 아이가 날 때도 궂긴다'라는 속담에서 '궂기다'는 순조롭지 못하고 잘되지 않는다는 뜻이다.

'궂기다'에서 온 궂은일은 언짢고 꺼림칙해 하기 싫은 일을 말하는데, 원래는 장례 치르는 일을 뜻했다고 한다. 그러니 '궂은일에는 일가만 한 이가 없다'라는 속담은 초상을 치를 때 가장 도움이 되는 사람은 역시 일가친척뿐이라는 의미겠다. '궂은일'은 한 낱말이므로 붙여 쓴다.

그리다 / 기리다

보고 싶은 사람은 그리고 선인들의 고귀한 뜻은 기린다.

사랑하는 마음으로 간절히 생각하는 건 그리는 것이고, 뛰어난 업적이나 바람직한 정신, 위대한 사람 따위를 추어서 말하고 기억하는 건 기리는 것이다. '그리다'는 '그리워하다', '기리다'는 '칭송하다' 정도로 바꿔 쓸 수 있다. 그러니 '그리다'의 기본 정서가 그리움이라면 '기리다'의 기본 정서는 존경심이겠다.

그리지만 기린다고 할 수는 없을 때도 있고 거꾸로 기리지만 그린다고 할 수는 없을 때도 있다. 연인들은 서로를 그리는 것이지 기리는 건 아니고, 선열의 뜻은 기리는 것이지 그리는 것은 아니니까.

'그리다'는 '그려, 그리니, 그리는, 그린, 그릴, 그렸다'로, '기리다'는 '기려, 기리니, 기리는, 기린, 기릴, 기렸다'로 쓴다.

그슬다 / 그을다

고기 따위가 불에 겉만 살짝 탄 것은 그슨 것이고, 햇볕이나 불, 연기를 오래 쬐어 검게 된 것은 그은 것이다. '불을 잘못 피우는 바람에 고기는 그슬고 얼굴은 연기에 까맣게 그을었다'처럼 쓴다.

'그슬다'는 '그슬어, 그스니, 그스는, 그슨, 그슬, 그슬었다'로, '그을다'는 '그을어, 그으니, 그으는, 그은, 그을, 그을었다'로 쓴다. '꼬실르다'는 '그슬다'를 잘못 쓴 것이다.

봄과 여름은 물론이고 가을이나 겨울에도 얼굴이 햇볕에 유난히 잘 그을어 오해를 사곤 한다. 직장 생활을 할 때 한번은 여름휴가 내내 장염으로 고생하느라 아무 데도 가지 못하고 힘없이 회사로 돌아갔는데, "어디 멋진 곳에 다녀온 모양이네요. 잘 그을었는걸요."라는 말을 들었을 정도니까.

그치다 / 긋다

'그치다'는 계속되던 움직임이 멈추거나 끝날 때 쓴다. '멎다'와 같은 뜻이지만 뜻밖에도 '긋다'와 같이 쓰일 때도 있다.

'긋다'는 금이나 줄을 그리는 걸 뜻하기도 하지만 비가 잠시 그치거나 비를 피하여 그치기를 기다리는 걸 뜻하기도 한다. 그러니 비가 긋기도 하고 비를 긋기도 한다.

'그치다'는 '그쳐, 그치니, 그치는, 그친, 그칠, 그쳤다'로, '긋다'는 '그어, 그으니, 긋는, 그은, 그을, 그었다'로 쓴다.

날이 궂어 선뜻 빨래하기가 주저되니, 괜스레 마음이 궂기만 하다. 결국 비가 쏟아지고 말았다. 우선은 비가 그치기를 기다리는 수밖에. 마음에 선 하나 그어 놓은 채로.

깃들다 / 깃들이다

황혼이 깃들고 봄 향기가 깃들고 어둠이 깃들고 노여움이 깃든다. 아늑하게 서려 들거나 두렵게 스민다. '깃들다' 하고 말해 보면 마치 새의 깃털처럼 가볍고 부드러운 것이 머리 위로 살며시 내려앉는 느낌이 든다. 깃드는 모습이 이럴까.

'깃들이다'는 '깃들게 하다'인 줄 알았는데, 사전을 찾아보니 아니다. '주로 날짐승이 보금자리를 만들어 그 속에 들어 살다, 사람이나 건물 따위가 어디에 살거나 그곳에 자리 잡다'라고 나온다. 다시 '깃들이다' 하고 소리 내 말해 본다. 이번엔 새 한 마리가 둥우리에 내려앉아 깃이 무성한 날개를 접는 모습이 그려진다. 어스름이 깃들 무렵 조용히 둥지로 날아와 가만히 깃들이는 새 한 마리.

그러니 '황혼이 깃든 거리'라거나 '새가 깃들인 나무'라고 써야지 '황혼이 깃들인 거리'라거나 '새가 깃든 나무'라고 쓰면 맞지 않는다.

'깃들다'는 '깃들어, 깃드니, 깃드는, 깃든, 깃들, 깃들었다'로, '깃들이다'는 '깃들여, 깃들이니, 깃들이는, 깃들인, 깃들일, 깃들였다'로 쓴다.

집에 깃들여 사는 사람이 집주인이듯 말과 글에 깃들여 사는 주인은 주어와 술어다. 주어와 술어가 말과 글에 제대로 깃들일 수 있어야 말하는 이와 글 쓰는 이의 뜻과 마음과 느낌이 말과 글에 제대로 깃들 수 있으리라. 글 쓰는 이와 말하는 이가 주어와 술어를 제치고 말과 글에 직접 깃들여 살려 한다면 깃들어야 할 뜻과 마음과 느낌은 깃들 곳을 잃지 않을까.

까다 / 깎다

귤은 까고 사과나 배는 깎는다. 밤은 까기도 하고 치기도 한다. 겉껍질은 까지만 속껍질은 칼날을 뉘어서 쳐 내야 하니까. 머리는 깎고 머리카락은 자른다. 하지만 박박 깎고 면도까지 할 때는 '배코 치다'에서처럼 친다고도 한다.

대학 시절 후배 시골집에 놀러 간 적이 있다. 후배가 할머니에게 나를 소개하자 할머니는 "선배님이라고? 아니 그럼 뭐

하고 있는 게야. 어서 다락에서 사과 한 알 꺼내 벗겨 드리잖고.” 하고 손자를 채근했다. 사과를 벗긴다는 말이 묘하게 들려서 밤에 후배와 나란히 누워서도 쉽게 잠들지 못하고 할머니의 그 말만 내내 생각했다. 그날 이후 내게 사과는 가장 에로틱한 과일이 되었다.

첫 글자의 초성과 받침 모두 같은 자음이 겹치는 복자음이 들어간 동사는 ‘깎다’와 ‘꺾다’뿐이다. 그리고 기본형의 받침에 쓸 수 있는 같은 자음의 복자음은 ㄲ뿐이다.

ㄲ이 받침이 되는 동사는 ‘겪다, 깎다, 꺾다, 낚다, 닦다, 닦달하다, 덖다, 묶다, 볶다, 섞다, 솎다, 엮다’ 등이다. 기억해 두면 ㄲ이 아닌 ㄱ 받침으로 착각할 일은 없으리라.

까부르다 / 까불다

키 안에 곡식을 담고 위아래로 흔들어서 티나 검불을 날려보내는 걸 까부른다고 한다. 줄여서 까분다고도 한다. ‘까부르다’와 ‘까불다’.

‘까불다’에는 가볍고 조심성 없이 함부로 행동한다는 뜻도 있다.

한창 까불 때는 싸르락싸르락 하는 소리도 요란하지만 주변도 지저분해진다. 당연히 옆에 서 있으면 옷이며 머리도 엉망이 되고 입 안에도 티나 검불이 들어가기 마련이다. 곡식을 절구에 넣고 빻거나 찧을 때도 다르지 않다. ‘찧고 까불다’라는 표현은 그래서 나온 것이리라.

키질하는 것과 비슷해 보여서 그런지 아기를 안고 위아래로 흔드는 것도 까분다고 한다. 까부는 건 주로 아이들이지만 말뜻을 살피니 오히려 어른들이 먼저 하거나 최소한 알려 주는 셈이다. 어른이든 아이든 함부로 까불 일은 아니지만 어쨌든 까분다고 아이들만 탓할 일도 아니다.

께적이다 / 끼적이다

글씨나 그림 따위를 아무렇게나 쓰고 그릴 때 '끼적이다' 또는 '끼적거리다'를 쓴다. '끄적이다, 끄적거리다'도 비슷한 표현이다.

그런가 하면 '께적이다'나 '께지럭거리다(께적거리다), 께적대다'는 글씨나 그림이 아니라 음식을 억지로 굼뜨게 먹을 때 쓰는 표현이다. 젓가락으로 음식을 헤집는 모습이 글씨를 괴발개발 끼적이는 모습과 비슷해 보여서일까. '끼적이다'에는 '께적이다'와 비슷한 뜻도 있다.

한편 '깨작이다'는 께적일 때나 끼적일 때 모두 쓸 수 있는데, 글씨나 그림 따위를 아무렇게나 잘게 쓰거나 그린다는 뜻이기도 하고, 음식을 억지로 굼뜨게 먹는다는 뜻이기도 하다.

아무려나 '께적이다'든 '끼적이다'든 스스로의 행위를 낮춰 말할 때라면 모를까 다른 사람에게 함부로 쓸 표현은 못 된다.

꼽다 / 꽂다

수나 날짜를 세려고 손가락을 하나씩 헤아리거나 어떤 대상을 골라서 지목할 때 꼽는다고 한다. 휴가를 손꼽아 기다리고, '꼽다'와 '꽂다'를 헷갈리기 쉬운 동사로 꼽는다.

그런가 하면 '꽂다'는 쓰러지거나 빠지지 않게 박아 세우거나 끼우고, 내던져서 거꾸로 박히게 한다는 뜻이다. 콘센트에 플러그를 꽂고 꽃병에 꽃을 꽂고 씨름 선수가 상대 선수를 모래판에 메다꽂는다.

꽂아야 할 걸 꼽는다고 쓸 때는 드물어도 반대 경우는 제법 된다. '플러그를 어디에 꼽지?', '거기 콘센트 많잖아. 아무 데다 꼽아.'

원 상태로 되돌릴 때 펴거나 취소한다고 말할 수 있는 경우엔 꼽는다고 하고, 빼거나 뽑는다고 말할 수 있는 경우라면 꽂는다고 한다. 그러니 '플러그를 어디에 꽂지?', '거기 콘센트 많잖아. 아무 데나 꽂아.'라고 해야 맞는다.

끼다 / 끼이다

'끼다'는 '끼이다'의 준말이면서 '끼우다'의 준말이기도 하다. 한쪽에만 끼이면 될 것을 두 낱말에 다 끼다 보니 헷갈리고 헛갈리고 섞갈린다.

'옆구리에 가방을 끼우고 걷다'는 '옆구리에 가방을 끼고 걷다'라고도 쓸 수 있고, '모임에 끼다'는 '모임에 끼이다'라고도 쓸 수 있다. 그러니 '모임에 끼었다'와 '모임에 끼였다' 모두 어법에 맞는다. 헷갈리고 헛갈리고 섞갈리지 않을 수 없다.

그렇다면 '끼여들다'도 '끼어들다'와 함께 쓸 수 있어야 할 텐데, 어쩐 일인지 『표준국어대사전』에서는 '끼어들다'만 표준어로 인정하고 '끼여들다'는 어법에 맞지 않은 표현으로 분류했다.

대체 '끼다'와 '끼우다', '끼이다'에 뭐가 어떻게 끼어들었기에 이처럼 혼란스러워진 것인지 알다가도 모르겠다.

남아나다 / 남아돌다

채소보다 고기를 좋아할 뿐만 아니라 더 잘 먹기도 한다면 고기를 구워 먹을 때마다 고기는 남아나지 않는 반면 상추나 절인 무는 남아돌겠지만, 고기도 잘 먹지 못하고 그렇다고 채소를 즐겨 먹는 것도 아니라면 그나마 가끔 고기를 구워 먹을 때도 고기는 물론 채소까지 남아돌기 일쑤다.

'남아돌다'는 부정적인 술어를 거느리지 않지만 '남아나다'는 '남아나지 않다', '남아나는 게 없다'와 같이 부정적인 의미로 쓴다.

내게만 오면 남아나지 않는 것은 무엇이고 늘 남아도는 것은 무엇일까? '남아나다'와 '남아돌다'를 생각하다 보니 별게 다 궁금해진다.

내키다/내켜놓다

하고 싶은 마음이 생길 때 내킨다고 한다. '영 내키지 않아 친구의 제안을 거절했다'와 같이 쓴다.

그런데 '내키다'에는 '공간을 넓히려고 바깥쪽으로 물리어 내다'라는 뜻도 있다. '일정한 대상이나 범위 밖으로 내어놓다'를 뜻하는 '내켜놓다'에 쓰인 '내키다'인 셈이다. '방 안에 부려 놓은 짐을 거실로 내켜놓았다', '벽을 내켜서 마당을 넓혔다'처럼 쓴다. 그러니 요즘 아파트에서 흔히 한다는 '베란다 확장 공사'는 엄밀히 말해 '거실을 내키는 공사'라고 해야 맞는다.

'내키다'에는 요즘엔 쓸 일이 별로 없는 뜻도 있는데, '불길이 방고래로 들지 않고 아궁이 쪽으로 나오다'라는 뜻이다. '군불을 지피는데 불길이 자꾸 내키면 방은 뜨뜻해지지 않고 아궁이 앞에서 불을 지피느라 애쓰는 사람의 얼굴만 벌겋게 익는다'와 같이 쓴다.

살다 보면 내키지 않는 일을 해야만 할 때도 있다. 기왕 하는 거 기꺼운 마음으로 하면 좋을 텐데 싫어하는 기색이 내 얼굴에 다 드러나는 모양이다. 주위 사람들에게 여러 번 지적을 받았다. 반면 내키는 일은 좀 과하다 싶을 정도로 팔을 걷어붙이는 편이다. 다 드러나는 건 내키는 일을 할 때도 마찬가지인 셈이랄까. 이런 성격은 좀 내켜놓아도 괜찮을 텐데.

녹다 / 눅다

얼음이 녹고 아이스크림이 녹고 추위 탓에 꽁꽁 언 몸이 녹는다. 그런가 하면 딱딱하게 굳은 엿이 눅고 열띤 분위기가 눅고 성질이 눅는다.

얼음이 물이 되거나 고체가 물러지거나 굳은 몸이 풀리는 건 녹는 것이고, 굳거나 뻣뻣하던 것이 무르거나 부드러워지고 분위기나 기세가 한풀 꺾이는 건 눅는 것이다.

'녹이다'는 '녹다'의 시키는 말이고, '눅이다'는 '눅다'의 시키는 말이다. '눅어지다'는 '눅다'에 '지다'가 '-어지다' 형태의 보조 동사로 쓰여 당하는 말이 된 경우니 '눅여지다'라고는 쓰지 않는다. 녹는 건 당할 수 있는 일이 아니니 '녹여지다'라고 쓸 이유는 없다. 그러니 '녹은 얼음'이나 '눅은 엿' 또는 '눅어진 분위기'라고 쓰면 되지 굳이 '녹여진 얼음'이나 '눅여진 엿'이라고 쓸 필요는 없다.

놀라다 / 놀래다

학교 다닐 때 주위 사람을 놀래는 짓궂은 취미를 가진 친구 때문에 놀랄 때가 많았다. 그럴 때면 나도 녀석을 놀래고 싶은 마음 굴뚝같았지만 일단 선수를 뺏기고 나면 놀래 주기가 쉽지 않았다.

'놀래다'는 '놀라게 하다'라는 뜻이다. '놀라키다'나 '놀래키다'는 '놀래다'라는 뜻의 지역 말이어서 표준어는 아니다.

친구의 짓궂은 장난 때문에 놀랐을 때는 "놀랐잖아!"라고 하고, 상대가 발뺌을 한다면 "네가 날 놀랬잖아, 그러니 놀라지."라고 한다.

이런 예는 '깨치다'와 '깨우치다'에서도 볼 수 있다. '깨치다'는 스스로 깨닫는 것이고, '깨우치다'는 누군가를 깨치게 만드는 것이다. 그러니 '스스로 깨우칠 때까지'라는 표현은 어색하다.

하지만 '나무라다'를 '나무래다'로 쓰는 건 잘못 쓴 것이지 다른 뜻으로 쓴 것이 아니다. 그러니 '나무라다, 나무랐다, 나무라 줘, 나무라면, 나무랄 일, 나무랐잖아'라고 쓰지 '나무래다, 나무랬다, 나무래 줘, 나무래면, 나무랠 일, 나무랬잖아'라고는 쓰지 않는다.

뇌까리다 / 뇌다

같은 뜻의 동사 같지만 알고 보면 전혀 다르다. '뇌까리다'는 아무렇게나 되는대로 지껄이는 것이고, '뇌다'는 지난 일이나 한 번 한 말을 여러 번 거듭 말하는 것이니까.

'뇌다'와 같은 뜻을 지닌 동사를 굳이 꼽자면 '뇌까리다'보다 '되뇌다'가 적당할 것이다. '되-'가 붙어 되풀이 말하는 횟수나 강도가 강조되었다지만 그래도 뜻이 같다는 건 부정할 수 없다.

'뇌다'나 '되뇌다' 모두 '뇌이다'나 '되뇌이다'라고 쓰지 않는다. 그러니 '뇌다'의 과거형은 '뇌었다'지 '뇌였다'가 아니고 '되 뇌다' 또한 '되뇌었다'라고 쓰지 '되뇌였다'라고 쓰지 않는다. 물론 '뇌여, 뇌여서'나 '되뇌여, 되뇌여서'라고도 쓰지 않는다.

'뇌다'는 '뇌(어), 뇌니, 뇌는, 뇐, 뇔, 뇌었(뇄)다'로 쓴다.

늘리다/늘이다

어떤 모임이든 단지 참가자 수만 늘려 영향력을 늘리려는 것은 그저 고무줄을 늘이거나 엿가락을 늘이는 것처럼 의미 없는 짓에 불과하다. 차라리 회원 개개인이 실력을 늘릴 수 있 도록 도와주고 모임에 참여하는 횟수를 늘릴 수 있게끔 동기 부여를 해 주는 것이 바람직하다.

이렇게 쓰면 '늘리다'와 '늘이다'의 차이가 분명히 드러날까. 괜스레 문장만 길게 늘려 쓴 것은 아닐까.

'늘이다'는 원래의 형태를 잡아당겨 길게 하거나 아래로 늘 어뜨리거나 넓게 벌여 놓는 것이고, '늘리다'는 부피나 수, 분 량, 시간 따위를 크게 또는 많게 하거나 재주나 능력을 키우고 형세나 기운을 확대하는 것이다. 그러니 늘인 것은 늘이기 전 과 성질이 달라지지 않지만, 늘린 것은 늘리기 전과는 다른 것 이 된다. 문장은 원래 있는 것을 늘이는 것이 아니라 한 문장 한 문장 더하면서 늘리는 것이다.

그래도 헷갈리면 '늘리다'는 '늘다'의 시키는 말이고 '늘이다' 는 그 자체로 주동사라는 것을 기억하면 도움이 되지 않을까.

늘었다고 표현할 수 있는 것은 늘리는 것이고 늘어뜨린다고 표현할 수 있는 것은 늘이는 것이라고 말이다. 그러니 경계 범위를 늘리기 위해 경계망을 늘인다고 표현할 수 있겠다.

간혹 '늘키다'라고 쓰기도 하는데, 이것은 '시원하게 울지 못하고 참으면서 느끼다'라는 뜻을 지닌 동사다. 여기서 '느끼다'는 흐느끼는 것을 말한다. 그러니 요즘 자주 쓰는 '왜 느끼고 그래?'라거나 '지금 느낀 거야?'라는 말의 맥락을 무시하고 들으면 '왜 흐느끼고 그래?'라거나 '지금 흐느끼는 거야?'라는 뜻이 된다.

다리다 / 달이다

옷을 다리고 약을 달인다.

셔츠나 바지를 다릴 때 달인다고 쓰지는 않지만, 약재나 간장, 차를 달일 때는 다린다고 잘못 쓸 때가 적지 않다. 내가 사는 동네에서도 한약이나 약술을 달여 파는 가게에 '약 다려드립니다'라고 써 붙인 걸 종종 본다. 약재를 다리미로 다려 준다는 뜻은 아닐 테고, 아마도 기본형일 때는 물론 '다려, 다리는', '달여, 달이는' 등으로 바꿔 쓸 때도 여전히 발음이 비슷해서 헷갈리는 것이 아닐까 싶다.

하지만 행위를 머릿속에 그려 보면 '다리다'와 '달이다'의 성격이 전혀 다른지라 한 번만 제대로 써 본다면 더는 실수할 일이 없으리라.

'다리다'는 '다려, 다리니, 다리는, 다린, 다릴, 다렸다'로, '달이다'는 '달여, 달이니, 달이는, 달인, 달일, 달였다'로 쓴다.

달리다 / 딸리다

재물이나 기술, 힘 따위가 모자랄 땐 달린다고 한다. 일손이 달리고 힘이 달리고 능력이 달린다.

반면 어떤 것에 매이거나 붙어 있을 때 또는 어떤 부서나 종류에 속할 때, 다른 사람이나 동물의 뒤에서 그가 가는 대로 같이 가게 할 땐 딸린다고 한다. 집에 마당이 딸리고 영업부에 딸린 직원 중에서 두 명을 출장 보내고 아빠 손에 아이들을 딸려 보낸다.

뜻 차이가 분명한데도 뒤섞어 쓸 때가 많은 동사다. 힘에 부치거나 일손이나 능력이 모자랄 때 '힘이 딸려서 더는 못하겠어', '일손이 딸려 더는 주문을 못 받겠어요', '진급 시험이 코앞인데 영어 실력이 딸려서 걱정이 이만저만이 아니야'와 같이 쓰는 경우다. 각각 '힘이 달려서', '일손이 달려', '영어 실력이 달려서'라고 써야 맞는다.

'달리다'는 '달려, 달리니, 달리는, 달린, 달릴, 달렸다'로, '딸리다'는 '딸려, 딸리니, 딸리는, 딸린, 딸릴, 딸렸다'로 쓴다.

담그다 / 담다

　그릇이나 통 따위의 일정한 공간에 무언가를 올리거나 넣는 것은 담는 것이고, 액체 속에 집어넣거나 김치나 술, 장, 젓갈 따위를 버무려 익거나 삭도록 넣어 두는 것은 담그는 것이다.

　개울물에 발을 넣는 것은 담그는 것이고, 가방에 책을 넣는 것은 담는 것이다. 김치는 담그지만 담그고 나서는 김치통에 한 포기씩 차곡차곡 담는다. 개울가에 놀러 가서는 물통에 담아 간 식수를 차가운 개울물에 담가 둔다.

　'담그다'는 '담가, 담그니, 담그는, 담근, 담글, 담갔다'로, '담다'는 '담아, 담으니, 담는, 담은, 담을, 담았다'로 쓴다. '담다'와 '담그다' 모두 당하는 말은 '담기다'이니 '잘 담긴 술'이나 '그릇에 먹음직스럽게 담긴 음식'이라고 쓰지 '잘 담가진 술'이나 '그릇에 먹음직스럽게 담겨진 음식'이라고는 쓰지 않는다. 특히 '담구다'나 '담궈진'이라고 쓰면 아무런 뜻도 없는 말이 되니 주의하자.

덖다 / 볶다

　잘 달군 솥에 찻잎과 약간의 물을 붓고 볶듯이 익히는 걸 덖는다고 한다. 덖는 것은 볶는 것과 비슷한데 국립국어원의 설명에 따르면 '음식이나 음식의 재료를 물기가 거의 없거나 적은 상태로 열을 가해 이리저리 자주 저으면서 익히는 것'이 볶

227

는 것이고, '물기가 조금 있는 고기나 약재, 곡식 따위를 물을 더하지 않고 타지 않을 정도로 볶아서 익히는 것'은 덖는 것이란다.

볶는 건 많이 해 봤지만 덖는 일은 해 본 적이 없어서 두 가지가 어떻게 다른지 설명을 들어도 잘 모르겠다. 실제로 콩은 볶는다고도 하고 덖는다고도 한다.

요리사가 될 것도 아니니 정확한 차이는 제쳐 두자. 다만 찻잎만큼은 덖는다고 표현하니 '찻잎을 볶는다'라고 쓰지만 않으면 망신당할 일은 없겠다.

또 한 가지, '덖다'의 당하는 말은 '덖이다'가 아니고 '덖어지다'다. 그러니 '잘 볶인 콩'이라고 쓰고 '잘 덖어진 찻잎'이라고 쓴다. '덖여진'이라고 쓰는 건 두 번 당하게 하는 것이니 삼가는 게 좋겠다.

'닦다/닦달하다' 항목에서 살펴본 것처럼 '덖다'와 '볶다' 모두 ㄲ 받침을 쓴다는 것도 잊지 말자.

덮이다/덮치다

'덮이다'는 '덮다'의 당하는 말이다. 그런데 '눈 덮힌 마을'이나 '꽃으로 뒤덮힌 들판'과 같이 '덮이다'를 '덮히다'로 잘못 쓸 때가 적지 않다. '눈 덮인 마을', '꽃으로 뒤덮인 들판'이 어법에 맞는다.

'덮치다'는 '덮다'의 거센말이다. 단순히 덮는 데 그치지 않고 덮어 내리누르고 연거푸 좋지 않은 일이 들이닥친다는 뜻이다. 대개 '-치-'가 들어가면 좋지 않은 쪽으로 거센말이 된다. '놓다'와 '놓치다', '망하다'와 '망치다'처럼.

철책에서 군대 생활을 할 때 사병들이 몸서리칠 정도로 두려워하는 게 세 가지였는데 공교롭게도 모두 한 글자짜리였다. 눈, 비, 풀. 눈이든 비든 풀이든 세상을 덮는 게 아니라 말 그대로 덮친다고 해야 할 정도로 미련스럽게 내리거나 자랐다. 비야 그치면 그만이지만 눈과 풀은 치우고 뽑아야 하는데 치워도 치워도 끝이 나지 않고 뽑아도 뽑아도 다시 돌아났다. 그러니 눈이나 풀로 뒤덮였다는 표현보다 눈이나 풀이 덮쳤다는 표현이 더 어울릴밖에.

데우다 / 덥히다

식었거나 찬 것을 덥게 할 때 데운다거나 덥힌다고 한다.

'덥히다'는 '덥다'의 시키는 말이다. '데우다'를 '데이다'나 '데피다'라고 쓸 때도 있는데, '데이다'는 '데우다'의 옛말이고 '데피다'는 일부 지역에서 달리 쓰는 말이다.

'데우다'와 '덥히다'는 비슷한 뜻이지만, 몸이나 마음을 따뜻하게 한다는 의미로 쓸 때는 '덥히다'가 더 어울린다.

날이 쌀쌀해지면 찬 소주보다 따뜻하게 데운 정종 한 잔과 뜨끈뜨끈하게 덥힌 어묵 국물이 몸과 마음을 따스하게 덥히기에 더 좋다.

'데우다'는 '데워, 데우니, 데우는, 데운, 데울, 데웠다'로, '덥히다'는 '덥혀, 덥히니, 덥히는, 덥힌, 덥힐, 덥혔다'로 쓴다.

돋다/돋치다

해가 돋고 군침이 돋고 밥맛이 돋는가 하면, 날개가 돋치고 가시가 돋치고 뿔이 돋친다. '돋치다'는 돋은 것이 삐죽 내민다는 뜻으로, 주로 날개와 가시, 뿔에 한해서 쓴다.

날개 돋친 듯 팔려 나간 책을 두고 평론가나 논객들이 가시 돋친 설전을 벌이기도 하고, 거꾸로 논객들의 가시 돋친 설전 때문에 대중에게 알려지는 바람에 책이 날개 돋친 듯 팔리기도 한다.

'돋다'의 시키는 말은 '돋우다'와 '돋구다' 두 가지다. 맛난 음식이 군침을 돋우고 가시 돋친 말이 성질을 돋운다. '돋구다'는 안경 도수 따위를 높일 때만 쓰니 밥맛을 돋군다거나 성질을 돋군다고는 쓰지 않는다. 굳이 나누어 써야만 할까 싶기도 하다. 국어사전에 따르면 안경 도수 따위를 높일 때를 빼고는 '돋우다'를 쓴다는 것인데, 그럴 거면 '돋우다'만 쓸 일이지 왜 굳이 나누어서 헷갈리게 만드는지 모르겠다.

어쨌든 '돋우다'는 무언가를 위로 끌어올리거나 쌓아 올려 도드라지게 만들 때 쓰는데, 특히 감정이나 기색 따위를 살릴 때 쓴다. '북돋우다'는 가능해도 '북돋구다'는 없는 걸 보면 그럴듯하기도 하다. 그래도 여전히 아쉽다. 언젠가는 '돋우다' 한

가지만 남게 되지 않을까.

'돋다'의 당하는 말은 따로 없으니 '돋히다'라고는 쓰지 않는다.

'돋다'는 '돋아, 돋으니, 돋는, 돋은, 돋을, 돋았다'로, '돋치다'는 '돋치어(쳐), 돋치니, 돋치는, 돋친, 돋칠, 돋치었(쳤)다'로 쓰고, '돋구다'는 '돋구어(궈), 돋구니, 돋구는, 돋군, 돋굴, 돋구었(궜)다'로, '돋우다'는 '돋우어(워), 돋우니, 돋우는, 돋운, 돋울, 돋우었(웠)다'로 쓴다.

뒤적이다 / 뒤척이다

'뒤적이다'와 '뒤척이다'는 전혀 다른 상황에 쓰는 동사 같지만, 사전을 찾아보면 뜻이 같다는 걸 확인할 수 있다. '뒤적이다'는 '물건들을 이리저리 들추며 뒤지다, 물건이나 몸을 이리저리 뒤집다'라고 풀이돼 있고, '뒤척이다'는 '뒤적이다보다 거센 느낌을 준다'라고 적혀 있다.

습관적으로 '뒤적이다'는 '들추다'나 '뒤지다'의 뜻으로, '뒤척이다'는 '뒤치다'의 뜻으로 써 왔는데 이럴 때 난감하다. 별수 있나. 이제부턴 둘을 같은 뜻으로 쓰는 수밖에.

'뒤적이다'는 '뒤적여, 뒤적이니, 뒤적이는, 뒤적인, 뒤적일, 뒤적였다'로, '뒤척이다'는 '뒤척여, 뒤척이니, 뒤척이는, 뒤척인, 뒤척일, 뒤척였다'로 쓴다.

뒤치다 / 뒤치다꺼리하다

언뜻 같은 말에서 온 듯 보이지만, '뒤치다'는 엎어지거나 자빠진 것을 젖히거나 엎을 때 쓰는 말이고, '뒤치다꺼리하다'는 '남의 자잘한 일을 보살펴 도와주다'라는 뜻인 '치다꺼리하다'에 '뒤-'가 붙은 말이다.

아기는 하루 종일 누워서 이리저리 뒤치는 게 일이고, 엄마는 엄마대로 하루 종일 아기 먹을거리를 만들고 기저귀를 갈아 주고 목욕을 시키는 등 뒤치다꺼리하는 게 일이다.

'뒤치다'는 '뒤채다'라고 쓰지 않고, '뒤치다꺼리하다'는 '뒤치닥거리하다'라고 쓰지 않는다. '뒤채다'는 '흔해서 남아돌거나 여기저기 함부로 놓여 발에 차이다'라는 뜻을 지닌 동사고, '뒤치다꺼리하다'는 앞에 적었듯이 '치다꺼리하다'에서 온 말이라 일거리, 먹을거리에 붙는 '거리'와는 상관없는 말이기 때문이다.

'뒤치다'는 '뒤쳐, 뒤치니, 뒤치는, 뒤친, 뒤칠, 뒤쳤다'로 쓰고 당하는 말은 1부 '뒤처지다 / 뒤쳐지다' 항목에서 살펴본 대로 '뒤쳐지다'니 '방금 뒤쳐진 부침개'라고 쓴다.

드러내다 / 들어내다

'드러내다'는 가려 있거나 보이지 않던 것이 보이게 된다는 뜻을 지닌 '드러나다'의 시키는 말이고, '들어내다'는 말 그대로 들어서 낸다는 뜻이다.

이삿짐을 들어내고 나면 방이며 거실 구석구석에 얼룩이 지거나 더께가 앉은 자국이 그대로 드러나곤 한다. 이사 오는 사람이 새로 도배를 하면서 흉이라도 보지 않을까 싶어 마치 치부라도 드러낸 듯 민망해지지만, 이쪽에서도 이사 갈 집에서 같은 경험을 하게 될 텐데 뭐, 하고 짐짓 대수롭지 않은 척 넘어간다. 이래서 든 자리는 몰라도 난 자리는 표가 난다고 하는 모양이다.

드리다 / 들이다

사람은 들이고 방은 드린다. 아침에는 밥에 뜸을 들이고 저녁이 되면 가게를 드린다.

'드리다'에는 요즘에는 잘 쓰지 않는 표현들이 담겨 있다. 가령 머리를 땋아 댕기를 물릴 때도 드린다고 하고, 집에 벽장이나 문을 새로 꾸미거나 마루나 방을 새로 만들 때도 드린다고 한다. 가게 문을 닫을 때도 드린다고 하며 곡식을 까부를 때도 드린다고 한다.

반면 '들이다'는 요즘도 많이 쓸 뿐만 아니라 뜻도 다양해서 공을 들이고, 길을 들이고, 물을 들이고, 맛을 들이고, 직원을 들이고, 하숙을 들이고 심지어는 땀을 식힌다는 뜻으로 땀을 들인다고도 한다. 그러고 보니 '손톱에 봉숭아 물을 들인다'라는 말도 이젠 추억의 표현이 되었나 보다.

'들이다'는 안으로 들어가는 것을 뜻하는 '들다'의 시키는 말이니 굳이 당하는 말을 만들어 쓸 필요가 없고, '드리다' 또한 굳이 당하는 말을 만들어 쓸 필요는 없다. 그저 '들인'이나 '드린'으로 쓰면 그뿐이다.

한편 발이나 주렴을 펼쳐 늘어뜨릴 때는 '드리우다'라는 동사를 쓴다. 빛이나 어둠, 그늘, 그림자가 깃들 때도 드리운다고 한다. '드리다'로 잘못 쓸 때가 종종 있는데, '드리다'와 '드리우다'는 전혀 다른 말이니 가려 써야겠다. '드리우다'의 당하는 말은 '드리워지다'이다.

들이켜다 / 들이키다

'들이켜다'는 물이나 술 따위를 벌컥벌컥 들이마시는 걸 뜻한다. '들이키다'로 쓸 때가 많은데, 아마도 소리 내 말하기 편해서일 것이다. 실제로 소리 내 읽어 보면 같은 모음이 이어지는 '들이키다'가 '들이켜다'보다 발음하기 쉽고 편하다.

하지만 '들이키다'는 '내키다'의 반대말로, 물건을 안쪽으로 다가 놓는 걸 가리킨다. '의자를 내 쪽으로 들이켰다'와 같이 쓴다.

두 낱말을 혼동하지 않으려면 국어사전에서 '켜다'를 찾아보면 된다. 세 번째 뜻으로 '물이나 술 따위를 단숨에 들이마시다'가 적혀 있다. 그러니 '붓다'에 '들이-'가 붙어서 '들이붓다'가 된 것처럼, '켜다'에 '들이-'가 붙어 '들이켜다'가 된 것이다. 짠 음식을 먹거나 과음을 하고 나면 물을 켜는데 그럴 때 들이

켠다고 쓴다.

어릴 땐 밖에서 신나게 놀다가 목이 마르면 집 안으로 달려 들어와 함지박에 가득 담긴 수돗물을 바가지로 한가득 퍼서 벌컥벌컥 들이켜고 다시 친구들에게 달려 나가곤 했다. 아예 수도꼭지에 입을 대고 목구멍으로 꿀떡꿀떡 물을 급하게 넘기기도 했고. 나이가 들어서는 그럴 일이 좀처럼 없다. 그 대신 술을 들이켤 일이 잦아졌다고 해야 할까.

'들이켜다'는 '들이켜, 들이켜니, 들이켜는, 들이켠, 들이켤, 들이켰다'로, '들이키다'는 '들이키어(켜), 들이키니, 들이키는, 들이킨, 들이킬, 들이키었(켰)다'로 쓴다.

따다 / 땋다

사과나무에서 사과를 따고 남의 글을 따 쓰고 내기에서 이겨 돈을 딴다. '따다'로 표현할 수 있는 대표적인 뜻이다.

하지만 '따다'에는 피하거나 따돌린다는 뜻도 있다. '연락도 없이 불쑥 회사로 찾아온 친구를 따 버렸다', '걔는 따 버리고 우리끼리만 하지 뭐'와 같이 쓴다. 써 놓고 보니 쓸 일이 없는 게 더 낫겠다 싶다.

반면 '땋다'는 머리를 땋는다고 할 때만 쓴다. ㅎ 받침이 들어간 동사는 ㄱ, ㄷ, ㅈ 또는 ㄴ 앞에 올 때를 제외하면 소릿값이 두드러지지 않아 '머리를 따 주었다, 머리를 따았다'처럼 잘못 쓰기 쉬운데 '머리를 땋아 주었다, 머리를 땋았다'로 써야 한다.

'따다'는 '따, 따니, 따는, 딴, 딸, 땄다'로, '땋다'는 '땋아, 땋으니, 땋는, 땋은, 땋을, 땋았다'로 쓴다.

때다/떼다

불을 지피거나 남에게 따돌림을 당할 때 땐다고 한다. 그런가 하면 붙어 있는 것을 떨어지게 하거나 전체에서 한 부분을 덜어 내거나 마음이 돌아설 때 또는 빌린 돈 따위를 돌려주지 않을 때 뗀다고 한다.

군불을 때고 친구에게 때고, 문에 붙은 광고지를 떼고 월급에서 세금을 떼고 정을 뗀다.

'때다'는 '때(어), 때니, 때는, 땐, 땔, 때었(땠)다'로, '떼다'는 '떼(어), 떼니, 떼는, 뗀, 뗄, 떼었(뗐)다'로 쓴다.

'떼다'의 당하는 말은 '떼이다'이다. '빌린 돈을 떼었다'라고 쓰고, 당했을 때는 '빌려 준 돈을 떼였다'라고 쓴다.

'때다'는 당하는 말이 없는 대신 '때우다'의 준말로 쓰이기도 한다. 다만 '뚫리거나 깨진 곳을 조각으로 대어 막다'라는 뜻으로 쓰일 때만 가능할 뿐, '때우다'가 '간단한 음식으로 끼니를 대신하다', '남는 시간을 다른 일로 보내다' 등을 뜻할 때는 '때다'를 쓸 수 없다.

참고로 '떼다'는 '운을 떼었다'처럼 말문을 연다는 뜻으로도 쓰고, '주민 등록 등본을 떼다'처럼 증서나 문건을 발행할 때도 쓴다. 다만 과속 딱지를 떼이는 경우는 주민 등록 등본처럼 내 소유의 것을 내 승인을 받아 떼는 것과 달리 떼는 주체가 내가 아니므로 '떼었다'라고 쓰지 않고 '떼였다'라고 쓴다.

떨다/털다

달려 있거나 붙어 있는 것을 쳐서 떨어지게 하는 건 떠는 것이고, 붙어 있는 것이 떨어지게 흔들거나 치는 건 터는 것이다.

옷에 묻은 먼지는 떨고 먼지가 묻은 옷은 턴다.

그러니 재떨이에 담뱃재를 떨고 먼지떨이로 책장에 앉은 먼지를 떨고 손으로 어깨에 쌓인 눈을 떨어내는가 하면, 먼지가 너무 많이 묻어 도저히 떨어낼 수 없는 윗옷을 벗어 털고 수건으로 머리를 털어 물기를 떨어내고 이불을 빨랫줄에 널고 막대기로 탁탁 털어 먼지를 날려 보낸다.

비슷해 보이지만 '창밖에 대고 담요를 털었다'를 '창밖에 대고 담요를 떨었다'로 쓰면 어색하고, 팔다 남은 물건을 다 떨어서 싸게 파는 '떨이'를 '털이'라고 하면 자연스럽지 못하다.

'떨다'는 '떨어, 떠니, 떠는, 떤, 떨, 떨었다'로, '털다'는 '털어, 터니, 터는, 턴, 털, 털었다'로 쓴다.

떨뜨리다/떨치다

'떨뜨리다'에는 떨어뜨려 드리운다는 뜻도 있지만 주로 젠

체하여 위세를 드러내며 뽐낸다는 뜻으로 쓴다. '예복을 길게 떨뜨려 입고 한껏 떨뜨리며 등장하는 주인공'과 같이 쓸 수 있다.

'떨치다' 또한 세게 흔들어 떨어지게 하거나 불길한 생각이나 욕심 따위를 떨어 버린다는 뜻도 있지만, 위세나 명성 따위가 널리 알려진다는 뜻으로 많이 쓴다. '학자로서 명성을 떨쳤지만 표절의 유혹을 떨치지 못한 것이 그만 김 교수를 나락으로 떨어지게 만들었다. 결국 김 교수는 명예도 위엄도 모두 떨쳐 버리고 고향으로 내려가 여생을 보내기로 결정했다'와 같이 쓴다.

참고로 '떨치다'와 함께 쓸 수 있는 동사로는 '드날리다'가 있는데, '들날리다'라고도 쓴다.

뜯기다 / 뜯어지다

'붙거나 닫힌 것을 떼거나 찢거나 하다'라는 뜻의 동사는 '뜯다'이다. 당하는 말은 '-기-'를 붙인 '뜯기다'와 '-어지다'를 붙인 '뜯어지다' 두 가지다.

주로 '뜯기다'는 '남의 재물 따위를 졸라서 얻거나 억지로 빼앗다'나 '붙은 것을 떼다'를 뜻하는 '뜯다'의 당하는 말로 쓰고, '뜯어지다'는 '붙은 것을 떼거나 찢는다'를 뜻하는 '뜯다'의 당하는 말로 쓴다. 돈과 풀은 뜯긴다고 하지 뜯어진다고 하지 않지만, 옷이나 단추, 자루 따위는 뜯겼다고도 하고 뜯어졌다고도 한다.

'뜯어지다'를 '틀어지다'로 잘못 쓸 때가 많은데, 이는 표준어가 아니다. '틀어지다'의 원말이랄 수 있는 '틀다'가 일부 지역에서 달리 쓰는 말이기 때문이다. 이럴 땐 '실밥이 터지고, 옷이 타진다'처럼 '터지다'와 '타지다'를 쓰면 적당하겠다.

띄우다 / 띠우다

'띄우다'는 '뜨다'의 시키는 말이고, '띠우다'는 '띠다'의 시키는 말이다. 그러니 분위기를 띄우고 메주를 띄우고 배를 띄우지만, 웃음은 띠우고 노기도 띠운다.

한편 '띄다'는 '뜨이다'의 준말로, '눈에 띄다' 또는 '귀가 번쩍 띄다'라고 쓴다. '띄다'가 '띄우다'의 준말로 쓰일 때도 있는데 '띄어 쓰다'가 대표적인 경우다. 그런가 하면 '띠다'는 '색깔을 띠다', '미소를 띠다' 등으로 쓴다.

그러니 '띄우다'나 '띠우다', '띄다'나 '띠다'를 정확하게 가려 쓰려면 우선 뜨는 것인지, 띠는 것인지 또는 뜨이는 것인지를 가려야겠다.

'띄다'는 '띄어, 띄니, 띄는, 띈, 띌, 띄었다'로, '띠다'는 '띠어, 띠니, 띠는, 띤, 띨, 띠었다'로 쓴다. 그러니 '눈에 띄여', '눈에 띄였다'라거나 '미소를 띠여', '미소를 띠였다'라고는 쓰지 않는다.

맞추다/맞히다

'맞추다'와 '맞히다'만큼 정확하게 가려 쓰기 어려운 말도 없으리라. 그래도 방법이 전혀 없는 건 아니다.

'맞추다'와 '맞히다' 모두 '맞다'에서 온 말이지만 '맞추다'는 원말과는 동떨어진 의미로 쓰인다. 그러니 '맞다'를 떠올려야 하는 상황에서는 '맞히다'를 쓰는 게 어울린다. 가령 맞는 답을 고른 것이니 알아맞힌 것이고, 물총으로 상대를 맞게 한 것이니 물총으로 친구를 맞힌 것이며, 비를 맞게 한 것이니 비를 맞힌 것이다.

반면 '맞추다'는 맞춤옷을 떠올리면 헷갈릴 일이 없다. 여기서 맞춤이란 옷을 내 몸에 딱 들어맞게 만든다는 뜻이니 퍼즐을 맞춘 것이고 부품을 맞춘 것이며 입을 맞추고 말을 맞춘 것이다.

매기다/메기다

점수를 매기고 등수를 매기고 값을 매긴다. 그런가 하면 화살을 메기고 톱을 메기고 메기는 소리로 민요를 부른다.

'매기다'는 사물의 값이나 등급 따위를 정할 때 쓰고, '메기다'는 화살을 시위에 물리거나 톱질을 할 때 또는 선창으로 노래를 시작할 때 쓴다.

'매기다'를 쓸 자리에 '먹이다'라고 쓸 때가 있는데, '먹이다'는 '먹다'의 시키는 말이다. 가축을 기를 때 '돼지를 먹인다, 소를 먹인다'라고 쓴다.

매기는 일은 하는 사람이나 당하는 사람이나 그리 탐탁한 일은 아니다. 반면 메기는 일은 요즘은 자주 쓸 일이 없긴 하지만 신명 나는 일이다. 한쪽에서는 메기는 소리로 노래를 부르고 한쪽에서는 시위에 활을 메기고 또 한쪽에서는 어영차어영차 톱을 메기는 모습을 머릿속에 그려 보면 노래와 놀이와 노동이 한자리에 모인 듯해 절로 흥이 난다.

매다 / 메다

끈이나 줄로 동여 감으면 맨 것이고, 어깨에 짊어지면 멘 것이다. 뜻의 차이가 분명치 않거나 잘 몰라서가 아니라 발음이 비슷해서인지 가려 쓰지 않은 경우를 종종 본다.

넥타이를 매고 신발 끈을 매고, 가방을 메고 총대를 멘다. 동여매고 둘러멘다.

그러니 '메인 몸'이 아니라 '매인 몸'이고, '그 일에 목을 멨다'가 아니라 '그 일에 목을 맸다'이다.

다만 '목메다'라고 쓸 때 '메다'가 감정이 북받쳐 목이 막힌다는 뜻으로 쓰인 것이다. '목메이다'라고 쓰지 않는데, 이유는 '목메다'가 이미 '목이 막히다'로 당하는 말이어서 다시 '-이-'를 붙여 두 번 당하게 할 필요는 없기 때문이다. 당연히 '목메여'라거나 '목메였다'라고도 쓰지 않는다. '목메어, 목메니, 목메는, 목멘, 목멜, 목메었다'로 쓴다. 단, '물 없이 떡을 먹으려니 목이 멘다'라고 할 때는 '메다'가 뚫리거나 빈 곳이 막히거나 채워진다는 뜻으로 쓰인 것이다.

'메다'가 짊어진다는 뜻으로 쓰일 때는 당하는 말로 '메이다'를 쓸 수 있다. '매다'의 당하는 말은 '매이다'이다.

메꾸다 / 메우다

'메다'의 당하는 말은 '-이-'를 붙인 '메이다'와 '-어지다'를 붙인 '메어지다' 두 가지다. '메이다'는 '메다'가 등에 짊어진다는 뜻으로 쓰일 때, '메어지다'는 뚫리거나 빈 곳이 막히거나 채워진다는 뜻으로 쓰일 때 각각 당하는 말로 쓴다.

'메다'의 시키는 말은 '메우다'로, 뚫리거나 빈 곳 또는 빈자리를 막거나 채운다는 뜻이다. '메우다'에는 시간을 적당히 보낸다는 뜻도 있다. '메우다'와 같은 뜻으로 '메꾸다'도 쓸 수 있는데, '메꾸다'는 2011년 8월에 표준어로 추가되었다. '메우다'에는 앞에서 말한 뜻 말고도 둥근 물체에 테를 끼우거나 북이나 장구에 천이나 가죽을 씌운다는 뜻도 있다.

구덩이는 메우거나 메꾸고, 전임자가 퇴직해 빈 자리도 메우거나 메꾸고 남는 시간과 모자란 돈도 메우거나 메꾸지만 북이나 장구는 그냥 메운다.

무르다/물다

사거나 바꾼 물건을 원래 임자에게 도로 주고 돈이나 물건을 되찾거나 이미 행한 일을 그 전의 상태로 돌릴 때 또는 있던 자리에서 뒤나 옆으로 옮길 때 무른다고 한다.

어제 사 온 옷을 무르고 바둑을 두면서 이미 놓은 돌을 무르고 텔레비전 사극에서 사령이 나와 "물렀거라!" 하고 소리치자 저도 모르게 주춤 무르고는 멋쩍게 웃는다.

'무르다'는 '물러, 무르니, 무르는, 무른, 무를, 무르면, 물렀다'로 쓴다. 그러니 '한 번 물렀으면 그만이지 이제 와서 다시 물러 달라니 사람 놀리는 거요'라고 할 때 '물렀으면'이나 '물러'가 된 건 원말이 '물르다'여서가 아니라는 데 주의하자. '물른 것'이 아니라 '무른 것'이다. '노래 부르다'의 '부르다'를 떠올리면 헷갈릴 일은 없으리라.

한편 '물다'는 깨문다는 뜻 말고도 '갚아야 할 것을 치르다, 남에게 입힌 손해를 돈으로 갚아 주거나 본래의 상태로 해 주다'라는 뜻을 지닌다. 벌금을 물고 외상값을 물고 이자를 문다. '물어, 무니, 무는, 문, 물, 물면, 물었다'로 쓴다.

'물리다'는 '무르다'와 '물다' 모두의 시키는 말이다. 바둑 한 수를 물리고 벌금을 물린다.

무치다/버무리다

나물 따위에 갖은 양념을 넣고 골고루 한데 뒤섞는 것을 무친다고 한다. 콩나물을 삶아서 다진 마늘과 송송 썬 파, 고춧가루, 깨소금을 넣고 조물조물 무친다. 하지만 절인 배추에 김칫소를 골고루 섞는 것은 무친다고 하지 않고 버무린다고 한다.

'버무리다'를 국어사전에서 찾아보면 '여러 가지를 한데 뒤섞는 것'이라고 나온다. '무치다'의 뜻풀이에서 '나물 따위'를 '절인 배추나 무 따위'로 바꾸면 '버무리다'와 다를 게 없다. 굳이 가르자면 무치는 건 '나물 따위에' 양념이 골고루 배게 하는 것이고, 버무리는 건 절인 배추와 김칫소든 고기와 양념이든 과자와 쌀가루든 떡과 콩가루든 심지어는 거름을 만들기 위한 인분과 재든 한데 골고루 섞는 것이다.

'버무리다'의 당하는 말과 시키는 말 모두 '버물리다'니 '버무려지다'나 '버물려지다'라고는 쓰지 않는다. '버물린 겉절이'나 '버물린 인절미'지 '버무려진 겉절이'나 '버물려진 인절미'라고 쓸 필요는 없다.

참고로 '버물다'라고 쓰면 '못된 일이나 범죄 따위와 관계하다'라는 뜻을 지닌 동사가 된다. '연루되다'라는 한자어 대신 쓸 만하지 않을까. 가령 '살인 사건에 연루된 사내' 대신 '살인 사건에 버물린 사내'와 같이.

바라다 / 바래다

'바라다'는 생각한 대로 이루어지기를 기대할 때 쓰는 말이다. 흔히 '바래다'와 뒤섞어 쓰곤 하는데, '바래다'는 빛깔이 옅어지거나 색이 희미해질 때 쓰는 말이니 그 뜻이 전혀 다르다. 따라서 다음과 같은 표현은 어색하다.

> 네가 돌아오기를 얼마나 바랬는지 몰라.
> 단번에 합격하기를 바래.
> 건강하게 오래 사는 것은 우리의 한결같은 바램이다.

이는 '네가 돌아오기를 얼마나 바랐는지 몰라', '단번에 합격하기를 바라', '우리의 한결같은 바람이다'라고 써야 의미가 산다. '바랬다, 바래, 바램'이라고 쓰면 간절한 바람의 빛깔을 옅게 하거나 그 강렬한 색을 희미하게 만드는 셈이니 굳이 그럴 필요가 있을까. 마음은 간절한데 그 마음을 전하는 말이 엉뚱한 곳을 가리킨다면 얼마나 안타까운가. 다른 건 몰라도 바람은 그 빛이 바래서는 안 될 테니까.

받치다 / 받히다

우산을 받치고 웃옷과 어울리는 바지나 치마를 받쳐 입고 찻잔을 접시에 받쳐 들고 손바닥으로 턱을 받치고 악에 받친다.

'받치다'를 '바치다'나 '받히다'로 쓰기도 하는데, '바치다'는 윗사람에게 뭔가를 주거나 무언가를 위해 아낌없이 헌신한다는 의미고, '받히다'는 '차에 받혔다'와 같이 받힘을 당할 때 쓴다.

'받히다'와 '받치다' 모두 '받다'에서 왔지만 '받히다'는 세차게 부딪친다는 '받다'의 당하는 말이고 '받치다'는 맞아들이거나 맡아 두거나 당하거나 입는다는 뜻의 '받다'에 '-치-'가 들어가 센말이 된 것이다. '받히다'는 이미 당하는 말이니 '받혀지다'로 쓰지 않고, '받치다' 또한 굳이 '받쳐지다'라고 쓸 필요는 없다.

'밭치다'도 '받치다'와 마찬가지로 체에 거른다는 뜻의 '밭다'에 '-치-'가 들어가 강조된 말이다. 이 또한 굳이 '밭쳐지다'라고 쓸 필요는 없다. '체에 밭친 국물'이라고 쓰면 되지 '체에 밭쳐진 국물'이라고 쓸 까닭은 없다. '술을 밭쳐 찌끼를 걸러 내거나 소뼈를 곤 물을 체에 밭쳐 맑은 곰국을 만든다'와 같이 쓴다.

벗겨지다 / 벗어지다

'벗겨지다'는 덮이거나 씌워진 물건이 외부의 힘에 의해 떼어지거나 떨어지는 경우 또는 죄나 누명에서 벗어나는 경우에 쓴다. 한편 '벗어지다'는 덮이거나 씌워진 물건이 흘러내리거나 떨어져 나가는 경우 또는 누명이나 죄 따위가 없어지고 머리카락이나 몸의 털 따위가 빠지는 경우에 쓴다.

예컨대 외부의 힘으로 벗음을 당한 경우에는 '벗겨지다'를, 자연스럽게 벗어진 경우에는 '벗어지다'를 쓴다. 가령 신발은 너무 커서 벗어지기도 하고 누군가 밟는 바람에 벗겨지기도 한다. 바람에 모자가 벗겨지고 나이가 들어 머리가 벗어진다.

머리카락이 빠지는 것이나 살갗이 쓸린 것은 모두 벗어졌다고 하지 벗겨졌다고 하지 않는다. 잘못 쓰면 공포 영화의 주인공이 될 수도 있다.

본뜨다 / 본받다

'본뜨다'와 '본받다'는 뜻이 같다. 국어사전에도 각각 '무엇을 본보기로 삼아 그대로 좇아 하다'(본뜨다), '본보기로 하여 그대로 따라 하다'(본받다)라고 나온다. 다만 '본뜨다'에만 '이미 있는 대상을 본으로 삼아 그대로 좇아 만들다'라는 뜻이 하나 더 있다.

말하자면 '본뜨다'는 좋건 나쁘건 상대의 행동이나 모습을 그대로 따라 한다는 뜻이 강한 반면, '본받다'는 상대의 좋은 언행만 취한다는 의미가 강한 셈이다.

아이는 부모의 말과 행동을 본뜨게 마련이어서 대부분의 부모는 아이 앞에서 말과 행동을 조심하게 된다. 아이가 본받을 만한 행동을 하고 말을 해야 한다는 강박 때문이다. 아이를 키우면서 받는 스트레스 가운데 이 또한 무시할 수 없으리라.

'본뜨다'는 '본떠, 본뜨니, 본뜨는, 본뜬, 본뜰, 본떴다'로 쓰지 '본따'나 '본땄다'라고는 쓰지 않는다.

뵈다/뵙다

둘 다 웃어른을 대하여 본다는 뜻이지만 '뵙다'가 더 겸손
한 표현이다. '찾아뵈다, 찾아뵙다'로 주로 쓴다. 다만 '뵈다'
는 '이게 눈에 뵈는 게 없나'와 같이 '보이다'의 준말로 쓰기
도 한다.

'뵈다'는 '뵈어(봬), 뵈니, 뵈는, 뵌, 뵐, 뵈려고, 뵈거든, 뵈었
(뵀)다'로, '뵙다'는 '뵙게, 뵙고, 뵙는, 뵙도록, 뵙지, 뵙니다'로
쓴다.

'찾아뵌 지 오래돼서 이렇게 시간 내 뵈러 왔습니다', '어디
서 많이 뵌 분 같은데요', '언제 한 번 찾아뵐까 하는데 언제가
좋을까요?', '찾아뵙는 김에 지난번에 부탁하신 책도 가져다
드리겠습니다'와 같이 쓴다.

다만 '봬'는 '뵈어'의 준말이니 '그럼 이따가 봬요', '일전에
찾아뵀을 때는 본의 아니게 실례가 많았습니다', '종종 찾아봬
도 될까요?', '늘 손주 생각만 하시는데 할머니께 얼굴 한번 봬
드려라'와 같이 '뵈다'에는 쓸 수 있지만 '뵙다'에는 쓸 수 없다.

그 밖에도 '봬'는 대상의 내용이나 상태를 알기 위하여 살피
게 된다는 뜻의 '뵈어'의 준말이기도 하다. '아무리 눈치가 봬
도 그렇지 그렇게까지 쩔쩔맬 건 뭐야?', '그래도 눈치가 봬서
말이야'처럼 '뵈어(봬), 뵈어(봬)도, 뵈어(봬)서' 등으로 쓸 수
있다.

부딪치다 / 부딪히다

둘 다 '○○과 ○○이 힘 있게 마주 닿거나 마주 대다'를 뜻하는 '부딪다'에서 왔다. '부딪치다'는 '덮치다'와 마찬가지로 '부딪다'에 '-치-'가 들어가 센말이 된 것이고, '부딪히다'는 당하는 말이다. 나는 가만히 있는데 상대가 와서 부딪을 때 부딪힌 것이고, 상대 입장에서 보면 부딪친 것이다.

하지만 말이란 그것이 쓰이는 상황과 동떨어질 수 없으니 정확하게 언제 '부딪히다'를 쓰고 언제 '부딪치다'를 써야 할지 가리기가 쉽지 않다. 가령 '식당에 들어서다가 안에서 나오는 손님과 부딪혔다'라고 쓸 때는 문제가 없지만, '술 취한 운전자가 모는 승용차가 그만 가로등에 부딪히고 말았다'라고 쓸 때는 '부딪치다'로 써도 문제 될 게 없다.

능동이니 수동이니 하는 구분은 언어학자에게 맡겨 두고, 부딪을 때는 모두 '부딪히다'를 쓰고 한쪽에서 일방적으로 부딪는 상황을 강조할 때만 '부딪치다'를 쓰면 어떨까. 꼭 능동을 따져야 한다면 '들이박다'나 '들이받다'라는 다른 낱말이 있는데 굳이 '부딪치다'와 '부딪히다'를 두고 고민할 까닭이 없다.

부서지다 / 부수다

'부서지다'만큼 독특한 우리말 동사도 없다. 형태는 물론 뜻도 당하는 말이 분명한데 '부시다'의 당하는 말이라고 하기에도 어색하고 그렇다고 '부수다'의 당하는 말이라고 하기에도 찜찜하다. '부시다'의 당하는 말이라면 '부셔지다'가 돼야 하고 '부수다'의 당하는 말이라면 '부수어지다'니 '부숴지다'가 돼야 하기 때문이다. 대체 '부서지다'는 어디서 온 것일까?

국립국어원에 따르면 '부수다'보다 '부서지다'가 먼저 생겼다는 것이다. '부서뜨리다(부서트리다)'도 마찬가지라서 '부숴 뜨리다'라고 쓰지 않는다는 것.

어쨌든 '부서지다'와 '부서뜨리다(부서트리다)'를 빼고는 모두 '부수다'를 원말로 바꿔 써야 하니 '부수어(숴), 부수니, 부순, 부수는, 부술, 부수었(숐)다' 등으로 쓴다.

'부수다'를 '부시다'와 헷갈릴 때가 종종 있는데, '부시다'는 1부의 '가시다/부시다' 항목에서 설명했듯이 그릇 따위를 깨끗이 씻는 걸 뜻하는 동사다. 그러니 "너를 부셔 버리겠어!"라고 협박하는 말은 그 의도와 달리 '그릇을 씻듯 너를 깨끗이 닦아 주겠어'라는 얄궂은 뜻이 된다. 당연히 "너를 부숴 버리겠어!"라고 써야 맞다. 물론 이런 말은 드라마 대사로나 들어야지 실제로 쓸 일이 생겨서는 안 되겠지만 말이다.

부치다/붙이다

'부치다'와 '붙이다'는 둘 다 쓸 일이 워낙 많다 보니 더 헷갈리는 동사다. 국립국어원에서 제시하는 두 낱말의 쓰임을 인용하면 다음과 같다.

ㄱ. 이 일은 힘에 부치는 일이다.

ㄴ. 소포를 부치다.

ㄷ. 이 문제는 회의에 부치도록 하자.

ㄹ. 원고를 인쇄에 부쳤다.

ㅁ. 밝은 달에 부쳐 읊은 시조.

ㅂ. 이 한 몸 부칠 곳이 없으랴.

ㅅ. 식목일에 부치는 글.

ㅇ. 밭을 부치다.

ㅈ. 빈대떡을 부쳐 먹는다.

ㅊ. 부채를 부친다.

ㄱ. 봉투에 우표를 붙였다.

ㄴ. 담배에 불을 붙였다.

ㄷ. 자꾸 이러저러한 조건을 붙인다.

ㄹ. 이 땅에 뿌리를 붙이고 살아가는 식물.

ㅁ. 전문 용어에는 각주를 붙여서 설명했다.

ㅂ. 내기에 천 원을 붙이다.

ㅅ. 윷말을 밭에 붙이다.

ㅇ. 가구를 벽에 붙이다.

ㅈ. 환자에게 간호사를 붙이다.

ㅊ. 다리에 힘을 붙이다.

ㅋ. 이름을 붙이다.

ㅌ. 취미를 붙이다.

ㅍ. 농담을 붙이다.

너무 많아서 어떻게 가리고 기억해야 할지 막막하지만 방법이 아예 없지는 않다. 앞서 '맞추다/맞히다' 항목에서 '맞다'의 뜻이 살아 있으면 '맞히다'로, 그렇지 않으면 '맞추다'로 썼듯이 여기서도 '붙다'의 뜻이 살아 있으면 '붙이다'로, 그렇지 않으면 '부치다'로 쓴다는 큰 기준만 머릿속에 담아 두면 크게 헷갈릴 일은 없으리라. 그러니 편지 봉투에 우표를 붙이고, 편지는 부친다.

다만 이때에도 '붙여지다'나 '부쳐지다'로 쓸 필요는 없다. '붙이다'가 시키는 말이긴 하지만 당하는 말로도 충분히 쓸 수 있기 때문이다. '부치다'도 마찬가지다.

'그 사안은 의논에 부쳐졌다'라고 쓰기보다 '그 사안을 의논에 부쳤다'라고 쓰면 그뿐이고, '철이라고 이름 붙여졌다'라거나 '철이라고 이름 붙여진 사람'보다 '철이라고 이름 붙였다'라거나 '철이라고 불린 사람'이라고 쓰면 간단하다.

북돋다/북돋우다

기운이나 정신 따위를 더욱 높여 줄 때 북돋운다고 한다.

'북돋다'는 '북돋우다'의 준말이다. '북돋다'는 '북돋아, 북돋으니, 북돋는, 북돋은, 북돋을, 북돋았다'로 쓰고, '북돋우다'는 '북돋워, 북돋우니, 북돋우는, 북돋운, 북돋울, 북돋웠다'로 쓴다.

그러니 '북돋아'와 '북돋워' 모두 쓸 수 있다. 앞에 나온 '때다', '때우다'와 연결하여 기억하면 좋겠다. '때다'가 '때우다'의 준말이니 '뚫어진 냄비를 때어 쓴다'와 '뚫어진 냄비를 때워 쓴다' 모두 쓸 수 있듯이. '지난번 패배 때문에 잔뜩 풀이 죽은 선수들의 사기를 북돋워야 한다'라고 써도 문제없고 '사기를 북돋아야 한다'라고 써도 이상할 것 없다.

시기한다는 뜻의 '시새우다'와 그 준말인 '시새다'도 마찬가지다. '꽃들이 서로 시새어 피었다' 또는 '꽃들이 서로 시새워 피었다'라는 표현은 같은 뜻으로 함께 쓸 수 있다.

그런가 하면 본딧말/준말의 관계는 아니지만 '여쭈다/여쭙다'처럼 같은 뜻으로 함께 쓰이는 동사도 있다. '여쭈다'는 '여쭈어(쭤)'가 되고 '여쭙다'는 '여쭈워'가 되니 '여쭈어 보다'와 '여쭈워 보다' 모두 쓸 수 있다.

붇다/붓다

물에 젖어서 부피가 커지거나 분량이나 수효가 많아진 건 불은 것이고, 살가죽이나 몸속 장기가 부풀어 오른 건 부은 것이다.

'붇다'는 '불어, 불으니, 불으면, 불은, 불을, 붇고, 붇는, 붇도록, 불었다'로, '붓다'는 '부어, 부으니, 부으면, 부은, 부을, 붓고, 붓는, 붓도록, 부었다'로 쓴다. '붓고', '붇도록'이나 '오늘은 얼굴이 붓지 않았다', '강물이 아직 붇지 않았으니 건널 만하다', '국수가 붙기 전에 어서 먹으렴'에서 보듯 자음 앞에서는 '붓'과 '붙'이 변하지 않는다.

따라서 간밤에 라면을 먹고 자서 얼굴이 붓고 술을 너무 많이 마셔서 간이 붓고 하루 종일 서 있어서 다리가 붓고 펑펑 울어서 눈이 퉁퉁 붓는다고 쓰고, 홍수로 강물이 붇고 오래 두어 국수가 붇고 운동을 하지 않아 체중이 붇는다고 쓴다.

한편 모음 앞에서는 '얼굴이 부으면, 간이 부을 때, 다리가 부어서, 눈이 부은 경우'라거나 '강물이 불어서, 국수가 불으면, 체중이 불은 뒤에'라고 쓴다. '강물이 불면'이나 '국수가 불면', '체중이 분 뒤에'는 어법에 맞지 않는데 헷갈릴 때는 '걷다'를 떠올리면 쉽게 가릴 수 있다. '걷기 전에, 걷지 않은 길, 걷게 되었다, 걸을 수 없는 상태, 걸은 뒤에 돌아보니, 걸으면 기분이 좋아진다'처럼.

'붓다'는 당하는 말도 시키는 말도 필요 없고, '붇다'의 시키는 말은 '불리다'이다.

비기다/빗대다

'비기다'와 '빗대다' 모두 견준다는 뜻을 지닌 동사다. '비기다'에는 '서로 견주어 보다' 말고 '어떤 사물을 다른 사물에 빗대어 말하다'라는 뜻도 들어 있다. 한편 '빗대다'의 뜻풀이는 이렇다. '곧바로 말하지 아니하고 빙 둘러서 말하다, 사실과 다르게 비뚜름하게 말하다'.

'비뚜름하게 말하다'에서 보듯 '비기다'와 '빗대다' 둘 다 견주는 것이긴 해도 '빗대다'가 '비기다'보다 부정적인 의미로 쓰일 때가 많다. 가령 '어디에도 비길 데 없이 뛰어난 작품'이라는 표현은 그럴듯하지만 '어디에도 빗댈 데 없이 뛰어난 작품'은 어딘가 어색하다. '어디 빗댈 데가 없어서 그런 놈에게 나를 빗대는 거야'를 '어디 비길 데가 없어서 그런 놈에게 나를 비기는 거야'로 바꿔 쓰면 어색한 것처럼.

　하지만 '난파된 배를 이 나라에, 거센 파도를 이 나라에 닥친 시련에 빗대어 표현하다'처럼 부정적인 어감과는 관계없는 표현으로도 쓸 수 있다.

비끼다 / 비키다

　'비끼다'의 뜻은 '비스듬히 놓이거나 늘어지다, 비스듬히 비치다, 얼굴에 어떤 표정이 잠깐 드러나다'이고, '비키다'는 '무엇을 피하여 있던 곳에서 한쪽으로 자리를 조금 옮기다, 방해가 되는 것을 한쪽으로 조금 옮겨 놓다, 무엇을 피하여 방향을 조금 바꾸다'이다.

　이렇듯 전혀 다른 뜻을 가진 동사인데 발음 탓인지 미처 가리지 못하고 쓸 때가 종종 있다.

　'비끼다'와 '비키다'를 헷갈리지 않으려면 '비껴가다'와 '비켜서다'를 기억하는 게 도움이 될 것이다. 둘 다 국어사전에 오른 낱말로, 붙여 쓴다. '가다'와 '서다'를 서로 바꿔 붙인 '비껴 서

다'나 '비켜 가다'는 한 낱말로 보기 어렵고 굳이 뜻을 가리자
면 '비스듬히 서다'나 '비켜서 가다' 정도 될 것이다.

요컨대 화살이 과녁을 비껴가는 것이고, 자전거를 피해 옆
으로 살짝 비켜서는 것이지, 자동 항법 장치가 달리지 않은 이
상 화살이 과녁을 비켜 갈 수는 없고, 비껴 서는 건 뜻 그대로
풀자면 요가 수행자처럼 비스듬히 몸을 늘어뜨리며 서는 것이
니 자전거가 됐든 자동차가 됐든 무언가를 피해 몸을 움직이
는 사람의 동작이랄 수 없다. 여름철 불청객인 태풍이 이 나라
를 비껴갔기 때문에 천만다행인 것이지, 자기가 알아서 비켜
갔다면 더 두려운 일일지도 모른다.

'비끼다'는 '햇살이나 노을이 비끼다', '얼굴에 그늘이 비끼
다', '고개를 비끼다', '밤하늘에 달빛이 비끼다'와 같이 쓰기
도 한다.

비비다/맞비비다

'비비다'에는 다섯 가지 뜻이 있다.

 1. 두 물체를 맞대어 문지르다.
 2. 어떤 재료에 다른 재료를 넣어 한데 버무리다.
 3. 어떤 물건이나 재료를 두 손바닥 사이에 놓고 움직여서 뭉치거
 나 꼬이는 상태가 되게 하다.
 4. 사람이 다른 사람의 비위를 맞추거나 아부하는 행동을 하다.

    5. 많은 사람 틈에서 부대끼며 살아가다.

   주로 앞의 세 가지 뜻으로 많이 쓰이는데, 양손을 비비거나 볼을 맞대고 비비는 건 1번이고, 밥을 비비고 국수를 비비는 건 2번이며, 볏짚을 비벼 새끼를 비비 꼬는 건 3번이다.

   그런데 유독 1번에 해당하는 '비비다'만 '부비다'로 달리 쓸 때가 많다. 볼을 부빈다거나 손을 부빈다고 말하기도 하고 심지어는 '부비부비춤'이라는 묘한 춤 이름까지 나올 지경이다.

   '비비다'를 '부비다'로 잘못 알았다거나 '부비다'가 '비비다'보다 발음하기 편해서라면 '밥을 부벼 먹자'라거나 '몸을 부비 꼰다' 또는 '부빔밥'이나 '부빔국수'라고 할 만도 한데 그런 말은 듣도 보도 못했다.

   그렇다면 이유는 한 가지겠다. 서로 얼굴이나 손 또는 몸의 일부분을 맞대고 문지르며 사랑과 애정을 맘껏 드러내는 행위가 양푼에 밥과 나물을 잔뜩 쏟아 붓고 쓱싹쓱싹 비벼 대는 행위와 같다고 인정하고 싶지 않아서이리라. 나라도 해맑게 웃는 아기의 볼에 자신의 볼을 맞대고 사랑스럽게 문지르는 엄마의 모습을 국수에 고추장과 참기름을 넣고 버무리는 모습과 뒤섞고 싶지는 않으니까. 하긴 '부비부비춤'을 '비비비비춤'이라고 부르기도 그렇다. 그게 아니라면 혹시 '붐비다'를 연상한 결과일까. 붐비는 곳에서는 몸을 비빌 일이 잦을 수밖에 없으니 말이다.

   아무려나 십수 년 뒤에는 '부비다'라는 낱말이 표준어로 새롭게 지정돼 '비비다'와 가려 쓰게 될는지 모르겠지만, 애석하게도 아직까지는 '비비다'만이 표준어다. 그러니 밥을 비비는 것이든 볼을 비비는 것이든 비빈다고 하는 수밖에.

당연히 맞부빈다거나 맞부벼 댄다는 표현도 '맞비비다'나 '맞비벼 대다'로 가려 써야겠다.

비추다/비치다

달빛이 어두운 골목을 환히 비춘다면, 어두운 골목에 달빛이 환히 비친 것이다. 다만 '비추다'에는 '빛을 받게 하거나 빛이 통하게 하다, 빛을 반사하는 물체에 어떤 물체의 모습이 나타나게 하다'라는 뜻도 있으니 달빛에 상대의 얼굴을 비추어(비춰) 보는 것이지 비쳐 보는 것은 아니다. '거울에 비추어 본다'라고 할 때도 마찬가지다.

또한 '내 경험에 비추어 볼 때'라고 할 때는 '비추다'를, '얘는 어째 코빼기도 비치지 않아'라고 할 때는 '비치다'를 쓴다. 그러니 '시간 없으면 잠깐 얼굴만 비추고 가'라는 표현은 '~ 얼굴만 비치고 가'로 써야 맞는다.

'비치다'가 '비추다'의 당하는 말은 아니지만 내용상 빛을 받아 모습이 환히 드러난다는 뜻이니 그 역할을 충분히 할 수 있어 '비쳐지다'나 '비춰지다'로 쓸 필요는 없다. '어두운 골목에 환히 비친 달빛'이라고 쓰면 되지 굳이 '어두운 골목에 환히 비쳐진 달빛'이라고 쓸 이유는 없다.

'비추다'는 '비추어(춰), 비추니, 비추는, 비춘, 비출, 비추었(췄)다'로, '비치다'는 '비치어(쳐), 비치니, 비치는, 비친, 비칠, 비치었(쳤)다'로 쓴다.

빌다 / 빌리다

예전에는 '이 자리를 빌어 감사의 말씀을 전할 수 있어 기쁘기 그지없습니다'라거나 '고전 작품의 한 구절을 빌어 제 뜻을 전하고자 합니다' 같은 표현을 자주 듣기도 하고 읽기도 했다.

돈을 꾸고 물건을 잠시 얻어 쓸 때는 '빌리다'를 쓰고, 기회를 얻거나 남의 말을 인용할 때는 '빌다'를 써서 구분했던 것인데, 이제 더는 그럴 필요도 이유도 없다. 두 경우 모두 '빌리다'를 쓰는 게 어법에 맞으니까. '빌다'는 기도나 호소, 간청을 하거나 간절히 바랄 때만 쓴다.

'빌다'는 '빌어, 비니, 비는, 빈, 빌, 빌었다'로, '빌리다'는 '빌려, 빌리니, 빌리는, 빌린, 빌릴, 빌렸다'로 쓴다.

빻다 / 찧다

짓찧어서 가루로 만드는 건 빻는다고 하고, 곡식 따위를 쓿거나 빻으려고 절구에 담고 공이로 내려치는 건 찧는다고 한다.

뜻풀이대로라면 찧는 건 빻기 위해 하는 행위인 셈이다. 그래서인지 '찧다'에는 '무거운 물건을 들어서 아래 있는 물체를 내려치다, 마주 부딪다'라는 뜻도 있다. 가령 '볼링공을 떨어뜨리는 바람에 발등을 찧었다', '망치질을 하다가 그만 손을 찧고 말았다', '벽에 이마를 찧었지 뭐야', '얼음판에서 미끄러지면 엉덩방아를 찧게 된다'와 같이 쓴다.

'빻다'는 '빻아, 빻으니, 빻는, 빻은, 빻을, 빻았다'로, '찧다'는 '찧어, 찧으니, 찧는, 찧은, 찧을, 찧었다'로 쓴다. 동사의 원말에 쓰인 ㅎ 받침은 활용할 때도 결코 빼서는 안 된다.

한편 '찧다'의 뜻풀이에 나온 '쓿다'는 거친 쌀이나 조, 수수 따위의 곡식을 찧어 속꺼풀을 벗기고 깨끗하게 한다는 뜻의 동사다.

사그라지다 / 사위다

모닥불이 다 사위어 갈 무렵 새벽하늘에 희붐하게 먼동이 터 오기 시작했다. 불 주위에 모여 앉아 밤새 노래를 부르며 얘기꽃을 피우던 젊은이들의 얼굴에서도 어느새 열기가 사그라지기 시작했다.

이제 더는 보기 어려운 풍경이니 이런 문장을 쓸 일도, 남이 쓴 걸 볼 일도 없으려나.

삭아서 없어지는 걸 사그라진다고 하고 그중에서도 특히 불이 사그라져 재가 될 때 사윈다고 한다. 그래서인지 '사그라지다'도 불길이나 불 같은 울분, 노여움 따위와 관련해서 주로 쓴다. '사그라져 가는 불씨', '노여움과 울분이 사그라진 뒤에 찾아드는 공허함'처럼.

'사그라지다'와 비슷한 동사로 '사그라들다'가 있다. '사그러지다'나 '사그러들다'는 모두 표준어가 아니다.

'사그라지다'는 '사그라져, 사그라지니, 사그라지는, 사그라진, 사그라질, 사그라졌다'로, '사위다'는 '사위어, 사위니, 사위는, 사윈, 사월, 사위었다'로 쓴다. 그러니 '사그라졌다'라고 쓸 수는 있어도 '사위였다'라고는 쓸 수 없다.

삭이다 / 삭히다

둘 다 '삭다'의 시키는 말이다. '삭이다'는 '긴장이나 화가 풀려 마음이 가라앉다'를 뜻하는 '삭다'에서 왔고, '삭히다'는 '김치나 젓갈 따위의 음식물이 발효되어 맛이 들다'라는 뜻의 '삭다'에서 왔다. 그러니 '감정을 삭히다'라고 쓰는 건 어법에도 맞지 않을뿐더러 어색하다.

'삭이다'와 '삭히다' 모두 시키는 말이긴 해도 굳이 '삭여지다'나 '삭혀지다'로 당하는 말을 만들어 쓸 필요는 없다. 마음을 가라앉히는 것이든 음식물이 발효되는 것이든 당할 일은 아니니까. 그러니 '삭여진 감정', '삭혀진 김치'라고 쓰기보다 '삭인 감정', '삭힌 김치'라고 쓰는 것이 자연스럽다.

'삭다' 또한 마찬가지여서 '그새 몸이 삭아 뛰기는커녕 걷는 것도 힘에 부친다'라고 쓰면 되지 굳이 '그새 몸이 삭아져~'라고 쓸 필요는 없겠다.

사전에서 '삭다'와 관련된 낱말들을 뒤지다가 '석다'라는 동사를 발견했다. 뜻풀이는 이렇다.

1. 쌓인 눈이 속으로 녹다.
2. 담근 술이나 식혜 따위가 익을 때 괴는 물방울이 속으로 사라지다.

멋진 동사다. 석다.

삶다 / 찌다

물에 넣고 끓이면 삶는 것이고, 뜨거운 김으로 익히거나 데우면 찌는 것이다.

고기는 삶고 떡은 찐다. 물론 같은 걸 삶기도 하고 찌기도 한다. 예컨대 고구마를 물에 넣어 끓이면 삶은 고구마가 되고, 뜨거운 김 위에 올려 익히면 찐 고구마가 된다. 감자도 마찬가지여서 물에 넣고 삶을 수도 있고 밥을 뜸 들일 무렵 밥 위에 올리고 찔 수도 있다.

밥도 쌀을 물에 넣어 끓여 먹기도 하지만 뜨거운 김으로 쪄 먹기도 한다. 군대에서는 내내 찐 밥을 먹었다. 당시에는 찰기 하나 없는 밥을 먹을 때마다 집 밥이 그리웠는데, 요즘은 소화에 좋다며 일부러 찐 밥을 찾는 사람도 있다니 격세지감이 따로 없다.

삼가다 / 서슴다

꺼리는 마음으로 몸가짐과 언행을 조심할 땐 '삼가다'를 쓴다. 부사로 쓸 때는 '삼가 명복을 빕니다'처럼 쓰기도 한다. 흔히 쓰는 '삼가하다'는 어법에 맞지 않는 표현이다.

그런가 하면 결단을 내리지 못하고 머뭇거리며 망설일 땐 '서슴다'를 쓴다. 주로 '서슴지 않고', '서슴지 말고'의 형태로 쓴다. '삼가다'와 마찬가지로 '서슴하다'가 아니니 '서슴치'가 아니라 '서슴지'라고 써야겠다.

도서관 한쪽에 이런 안내문이 붙어 있다.

'많은 사람들이 책을 읽는 곳이니 떠들고 뛰는 행위는 삼가 바랍니다.'

'삼가해 주기 바랍니다'라고 쓰지 않은 건 사서답지만 '삼가 바랍니다'로 쓰면 '삼가 떠들고 뛰기 바랍니다'로 읽힐 수 있으니 의도와는 전혀 다른 문장을 적은 셈이다. 이럴 때는 '삼가기 바랍니다'라거나 '삼가 주기 바랍니다'라고 쓰면 될 일이다. 서슴을 일이 아니니 서슴지 말고 고치면 되겠다.

'삼가다'는 '삼가, 삼가니, 삼가는, 삼간, 삼갈, 삼갔다'로, '서슴다'는 '서슴어, 서슴으니, 서슴는, 서슴은, 서슴을, 서슴었다'로 쓴다.

삼다 / 짜다

새끼를 결어서 짚신이나 미투리를 만들거나 삼이나 모시의 섬유를 가늘게 찢어서 그 끝을 맞대고 비벼 꼬아 잇는 건 삼는 다고 하고, 사개를 맞추어 가구나 상자를 만들거나 실이나 끈을 씨와 날로 결어서 천을 만드는 건 짠다고 한다.

하지만 요즘은 짚신이든 미투리든 삼을 일이 없으니 동사 '삼다'는 주로 '○○을 ○○이 되게 하거나 여기다, 또는 그렇게 가정하다'라는 뜻으로 쓴다. 가령 '거울로 삼다, 구실 삼다, 계기로 삼다, 문제 삼지 말자, 장난삼아 해 보다, 이야기를 안주 삼아 술을 마시다'와 같이 쓴다. '장난삼다'는 붙여 쓴다.

'짜다' 또한 요즘엔 집에서 직접 가구나 천 따위를 짤 일이 드무니 주로 '누르고 비틀어서 물기를 빼내다, 남의 재물을 빼앗다, 온 정신을 기울이다'라는 뜻으로 쓴다. '빨래를 짜다, 백성의 고혈을 짜다, 아이디어를 짜내다'와 같이.

'삼다'는 '삼아, 삼으니, 삼는, 삼은, 삼을, 삼았다'로, '짜다'는 '짜, 짜니, 짜는, 짠, 짤, 짰다'로 쓴다.

섞다 / 솎다

두 가지 이상의 것을 한데 합치는 것은 섞는 것이고, 촘촘히 있는 것을 군데군데 골라 뽑아 성기게 하는 것은 솎는 것이다.

'섞다'와 '솎다'의 뜻을 몰라서 잘못 쓸 일은 없으리라. 다만 '석여 들다'나 '속아 내다'처럼 ㄲ 받침을 ㄱ 받침으로 잘못 쓸 때가 있다. 기본형은 제대로 써도 문장 안에서 다른 형태로 바꿔 써야 하거나 도움을 주는 동사와 붙여 쓸 때는 ㄲ 받침이 들어가는 동사가 많지 않아서인지 간혹 착각하기도 한다.

다시 한 번 ㄲ 받침이 들어가는 동사를 나열하면 다음과 같다.

겪다, 깎다, 꺾다, 낚다, 닦다, 닦달하다, 덖다, 묶다, 볶다, 섞다, 솎다, 엮다

눈에 익혀 두면 착각할 일은 없겠다.

'섞다'의 당하는 말은 '섞이다'이고, '솎다'의 당하는 말은 따로 없다. 그러니 '섞여지다'나 '솎이다', '솎여지다'라고는 쓰지 않는다.

시시덕대다 / 히히대다

실없이 웃으면서 조금 큰 소리로 계속 이야기하는 걸 시시덕댄다고 한다. '시시덕거리다'라고도 쓰지만 '희희덕대다'나 '히히덕거리다'라고는 쓰지 않는다.

'히히대다' 또는 '히히거리다'라는 동사는 쓸 수 있지만, 마음이 흐뭇하여 멋없이 싱겁게 자꾸 웃거나 장난스럽게 자꾸 웃는 걸 말하니 '시시덕대다'와는 뜻이 조금 다르다. 가려 쓸 일이다.

'전화기를 붙들고 한참 동안 시시덕대더니 전화를 끊고 나서는 자꾸 히히대는 꼴이 뭔가 좋은 일이 생긴 게 분명하다'와 같이 쓴다.

썩이다/썩히다

둘 다 '썩다'의 시키는 말이다.

'썩다'에는 물질이 부패하거나 나쁘게 변하거나, 활용되지 못하고 아깝게 묵거나, 정신이나 사상 따위가 막되게 변하는 것 말고도 걱정이나 근심 따위로 마음이 몹시 상한다는 뜻도 있다. '썩이다'는 마지막 뜻에 해당하는 '썩다'의 시키는 말이다. 부모 마음을 썩이고 골머리를 썩이고 속을 썩이는 것처럼.

그런가 하면 '썩히다'는 걱정이나 근심 따위로 마음이 몹시 상한다는 뜻을 제외한 나머지 뜻에 해당하는 '썩다'의 시키는 말이다. 고기를 썩히고 재주를 썩히고 정신을 썩히는 것처럼.

생각해 보면 절묘한 구분이다. 정신이나 사상까지도 썩을 수 있지만 마음은 썩는다기보다 상하는 것이어서 함께 '썩다'에 묶는 것이 영 마뜩잖은데, 시키는 말에서 가르고 가렸다. 이런 데서 우리말의 맛을 찾는다면 억지일까.

썰다/쓸다

칼이나 톱으로 무언가를 잘라 내거나 토막 내는 건 써는 것이고, 줄 따위로 문질러서 닳게 하는 건 쓰는 것이다.

칼로 떡과 무를 썰고, 줄칼로 톱날을 쓴다.

'썰다'는 '썰어, 써니, 써는, 썬, 썰, 썰면, 썰었다'로, '쓸다'는 '쓸어, 쓰니, 쓰는, 쓴, 쓸, 쓸면, 쓸었다'로 쓴다.

'썰다'의 당하는 말과 시키는 말 모두 '썰리다'이고 '쓸다'의 당하는 말은 '쓸리다'이다. 그러니 '썰어지다'나 '쓸려지다'라고는 쓰지 않는다.

'쓸리다'에는 그 밖에도 '풀 먹인 옷 따위에 살이 문질려 살갗이 벗어지다, 한쪽으로 비스듬히 기울어지다'라는 뜻도 있다. '옷에 쓸린 피부가 따가워 미치겠다', '배가 기우뚱 한쪽으로 쓸리자 사람이며 물건들도 같이 쓸렸다'와 같이 쓴다.

쏘이다 / 쐬다

바람을 쏘이고 연기를 쐰다.

'쏘이다'는 '벌레가 침 따위로 살을 찌르다'라는 뜻으로 쓰는 '쏘다'의 당하는 말이기도 하지만, 얼굴이나 몸에 바람이나 연기, 햇빛 따위를 직접 받는다는 뜻인 '쐬다'와 같은 뜻으로 쓰기도 한다. '벌레에 쏘였다'라고 쓰일 때는 '쐬다'가 '쏘이다'의 준말이 되지만 바람이나 연기, 햇빛을 받는다는 뜻일 때는 '쐬다'와 '쏘이다'가 같은 뜻을 지닌 동사일 뿐이니 주의하자.

'쏘이다'는 '쏘여, 쏘이니, 쏘이는, 쏘인, 쏘일, 쏘였다'로, '쐬다'는 '쐬어(쐐), 쐬니, 쐬는, 쐰, 쐴, 쐬었(쐤)다'로 쓴다. 그러니

'쐬여'나 '쐬였다'라고는 쓰지 않는다.

'밖에 나가 바람 좀 쏘이자', '이리 나와서 바람 좀 쐐(쐬어)', '우울한 걸 보니 아무래도 햇빛을 좀 쐐야(쐬어야) 할까 봐'와 같이 쓴다.

이는 '쪼이다'와 '쬐다'도 마찬가지다.

'쪼이다'는 뾰족한 끝으로 쳐서 찍는 것을 뜻하는 '쪼다'의 당하는 말이기도 하지만, 볕이 들어 비치거나 볕이나 불기운 따위를 몸에 받는 것을 뜻하는 '쬐다'와 같은 뜻으로 쓰기도 한다. 마찬가지로 '쪼이다'가 '부리에 쪼였다'처럼 쓰일 때는 '쬐다'가 '쪼이다'의 준말이 되지만, 볕을 쪼인다는 뜻의 '쪼이다'는 '쬐다'와 같은 뜻을 지닌 동사일 뿐이다.

'쪼이다'는 '쪼여, 쪼이니, 쪼이는, 쪼인, 쪼일, 쪼였다'로, '쬐다'는 '쬐어(쫴), 쬐니, 쬐는, 쬔, 쬘, 쬐었(쬈)다'로 쓰니, '쬐여'나 '쬐였다'라고는 쓰지 않는다.

'볕을 쪼이니 잠이 온다', '겨울이라 볕을 쬘 일이 점점 줄어든다', '여기 마당에 나와 볕 좀 쫴(쬐어)', '아무래도 볕을 좀 쫴야(쬐어야)겠다'와 같이 쓴다.

그리고 굳이 가리자면 햇빛은 쏘이거나 쐬는 것이고, 볕은 쪼이거나 쬐는 것이다.

쓰이다/씌우다

머리에 모자를 쓰고 얼굴에 가면을 쓰고 온몸에 먼지를 뒤집어쓰거나 죄를 뒤집어쓰는가 하면, 사람을 쓰고 돈을 쓰고 글을 쓰기도 한다.

'쓰다'의 당하는 말은 '쓰이다'이고, 시키는 말은 '씌우다'이다. '씌다'는 '쓰이다'의 준말이다. 그러니 '씌어지다'와 '쓰여지다'는 두 번 당하게 하는 말이다. 쓰지 않는 게 좋겠다.

모자나 가면은 씌우고, 먼지나 죄는 뒤집어씌우고, 사람이나 돈은 쓰이고, 글도 쓰인다.

잘못 쓰인 글이고 잘못 써진 글이지 잘못 쓰여지거나 씌어진 글이 아니고, 엉뚱한 데 쓰인 돈이지 엉뚱한 데 쓰여진 돈이 아니며, 애먼 사람에게 뒤집어씌운 죄이지 애먼 사람에게 뒤집어씌어진 죄가 아니다.

이참에 자주 쓰는 당하는 말 중에서 어법에 맞더라도 어색하거나 잘못 쓰였거나 두 번 당하는 말들을 정리하자면 다음과 같다.

가리워지다, 감겨지다, 감아지다, 걸려지다, 구부려지다, 굴려지다, 그려지다, 기다려지다, 깎아지다, 깎여지다, 깔려지다, 나뉘어지다, 낚여지다, 날라지다, 날려지다, 녹아지다, 녹여지다, 높아지다, 높여지다, 놓아지다, 놓여지다, 눅여지다, 다루어지다, 담겨지다, 당겨지다, 댕겨지다, 되어지다, 두어지다, 땅겨지다, 말려지다, 모여지다, 믿겨지다, 밀려지다, 바뀌어지다, 받쳐지다, 받혀지다, 발라지다, 밭쳐지다, 버무려지다, 버물려지다, 벌려지다, 벌여지다, 베어지다, 베여지다, 보여지다, 부쳐지다, 부풀려지다, 부풀어지다, 부풀여지다, 불리워지다, 붙여지다, 비쳐지다, 비춰지다, 삭아지다, 삭여지다, 삭혀지다, 섞여지다, 썰어지다, 쓰여지다, 쓸려지다, 씌어지다, 아울려지다, 어울려지다, 이루워지다, 읽혀지다, 잊혀지다, 잠겨지다, 잡혀지다, 재워지다, 쟁여지다, 절여지다, 좁혀지다, 찢겨지다, 찾아지다, 파여지다, 패여지다, 하여지다, 휘여지다, 흩뜨러지다, 흩뜨려지다, 흩트러지다, 흩트려지다

예로 든 것 중에서 '다루어지다' 같은 경우는 두 번 당하는 말은 아니지만 굳이 쓸 필요가 없는 말이다. '좀 더 비중 있게 다루어졌다' 같은 표현은 '좀 더 비중 있게 다루었다'로 쓰면 될 일이다.

'그려지다'는 가령 '누군가를 그리워하다 보니 머릿속에 그 사람의 얼굴이 그려졌다'라고 쓴다면 나도 모르게 그려진 것이니 문제 될 게 없지만, '잘 그려진 그림' 같은 표현은 어색하다. '잘 그린 그림'이라고 쓰면 그뿐이다.

'기다려지다' 또한 다르지 않다. 우선 기다리는 건 당할 수 있는 행위가 아니다. 다만 '기다려지다'라고 쓰는 일이 워낙 많아 무조건 틀린 말이라고 하긴 뭣하다. 그래도 가려 쓸 수는 있지 않을까. 가령 '휴가를 손꼽아 기다린다'라고 쓰면 기다릴 이유도 분명하고 나 또한 마음을 담아 그날을 기다리는 것이지만, '휴가가 기다려진다'라고 쓰면 딱히 기다릴 이유도 없고 내 마음 또한 기다리고 싶지 않지만 어쩔 수 없이 기다리게 된 것이니 어색하다. '오늘은 어쩐 일인지 야근이 기다려지니 참 별

일이다'라고 쓴다면 그나마 덜 어색하다고 할 수 있으려나.

군더더기 없는 깔끔한 말이나 문장을 구사하기 위해서는 물론이지만, 무엇보다 내가 구사하는 말과 문장에 내가 걸려 넘어지지 않기 위해서라도 당하는 말은 쓰기 전에 꼭 써야 하는지 한 번 더 생각해 보는 것이 좋겠다.

아우르다/어우르다

'여럿이 모여 한 덩어리로 크게 되게 하다'라는 뜻을 지닌 동사는 '아우르다'와 '어우르다'이다. '어우르다'가 '아우르다'보다 어감이 큰 말이다. '아우르다'의 당하는 말은 '아우러지다'와 '아울리다'이고 '어우르다'의 당하는 말은 '어우러지다'와 '어울리다'이다. 이쯤 되면 '아울려지다'나 '어울려지다'라고 쓰지 않는다는 건 바로 따라 나올 만하겠다.

모임의 취지에 어울리는 복장을 한 사람들이 한데 어우러져 또는 어울려 즐기는 것이지 어울려져 즐기는 것은 아니다.

한편, 두 갈래 이상의 물이 한데 모이는 물목을 '아우라지'라고 부르는데, 이는 '아우르다'에서 비롯한 것이다.

안절부절/안절부절못하다

'안절부절'은 '마음이 초조하고 불안하여 어찌할 바를 모르는 모양'을 뜻하는 부사이다. '하루 종일 안절부절 어쩔 줄 몰랐다'와 같이 쓴다. 동사로 쓸 때에는 '안절부절못하다'로 반드시 '못하다'를 붙여야만 한다. '안절부절하다'로 잘못 알고 '안절부절하며, 안절부절하는'으로 쓰면 문장 전체가 안절부절못하게 될 수도 있으니 주의해야겠다.

대부분의 첫 경험은 누구나 안절부절못하는 것으로 시작한다. 친구 집에 처음 놀러 갔을 때, 난생처음 사랑을 느꼈을 때, 결혼 상대의 집에 인사드리러 갔을 때, 결혼할 때, 첫아이를 안았을 때, 부모를 여의었을 때, 살면서 처음으로 무언가 결단을 내려야 한다고 여길 때 등등.

안치다 / 얹히다

밥이나 떡, 구이, 찌개 따위를 만들기 위해 그 재료를 솥이나 냄비 따위에 넣고 불 위에 올리는 걸 안친다고 한다. 밥 또는 쌀을 안치거나 떡을 안친다고도 하고 심지어는 닭을 안쳤다거나 생선을 안쳤다고도 한다.

뜻풀이대로만 하자면 안치는 건 재료를 그릇에 담고 불 위에 올리는 것까지다. 요리의 전 과정과는 상관없다. 그러니 불 위에 얹는 것과 다르지 않다.

하지만 예전에 부엌에서 밥을 하고 음식을 하던 모습을 떠올려 보면 안치는 걸 단순히 얹는 거라고 말할 수 없는 이유가 드러난다. 가스레인지를 켜고 냄비나 솥 따위를 불 위에 그저 얹기만 하면 그만인 요즘과 달리 예전에는 불을 지펴야 하고 음식을 만들고 난 뒤에는 뒤처리도 해야 할 뿐만 아니라 무엇보다 음식을 만들기 위해 불을 쓰는 일 자체가 아무나 함부로 할 수 있는 일이 아니었다. 그러니 솥이나 냄비를 그저 불 위에 얹는 일도 가려서 표현해야 할 만큼 의미 있는 일이었으리라.

'안치다'는 '앉다'와 상관없는 말이지만 '얹히다'는 '얹다'의 당하는 말로, 체했다는 뜻으로도 쓴다. 음식이 미처 소화되지 못하고 어딘가에 얹혔다는 의미일까.

그런가 하면 '안치다'에도 '어려운 일이 앞에 밀리다, 앞으로와 닥치다'라는 뜻이 있다. '당장 눈앞에 안친 일만으로도 어쩌지 못할 지경이다'와 같이 쓴다.

애쓰다 / 용쓰다

'애쓰다'와 '용쓰다'는 같은 뜻을 지닌 동사 같지만, 뜻풀이를 살피면 차이가 있다는 걸 알 수 있다.

'애쓰다'는 '마음과 힘을 다해 무엇을 이루려고 힘쓰다'라는 뜻이고, '용쓰다'는 '한꺼번에 기운을 몰아 쓰다'라는 뜻이다.

'아무리 용써 봐야 헛물만 켜는 것이다'를 '아무리 애써 봐야 헛물만 켜는 것이다'로 바꿔 쓰는 건 그다지 어색하지 않지만, '아이들 교육을 위해 애쓰다'를 '아이들 교육을 위해 용쓰다'라고 바꾸는 건 아무래도 어색하다. 더구나 '그 사람이라고 달리 용쓰는 재주가 있겠어'라는 문장은 '달리 애쓰는 재주가 있겠어'라고 바꿀 수 없다.

게다가 '용쓰다'에는 '힘을 들여 괴로움을 억지로 참다'라는 뜻도 있으니 가려 써야겠다.

어르다/으르다

아이와 놀며 달래거나 사람을 구슬리는 건 어른다고 하고, 무서운 말이나 행동으로 위협하는 건 으른다고 한다.

'어르다'는 '얼러, 어르니, 어르는, 어른, 어를, 얼렀다'로, '으르다'는 '을러, 으르니, 으르는, 으른, 으를, 을렀다'로 쓴다. '얼러 대다'나 '을러대다'는 각각 '어르다'와 '으르다'에 보조 동사 '대다' 또는 접미사 '-대다'가 붙은 것일 뿐 '얼르다'나 '을르다'라는 말은 없다.

'으'로 시작하는 동사 중 우쭐거리며 뽐내는 걸 뜻하는 '으스대다' 또한 '으시대다'로 잘못 쓸 때가 많으니 주의해야겠다.

얽히다/얽히고설키다

'얽히다'는 '노끈이나 줄 따위로 이리저리 걸거나 이런저런 일에 관련되게 하다'라는 뜻을 지닌 '얽다'의 당하는 말이다. '얽히다'만으로도 충분히 뜻을 전할 수 있으련만 우리네 삶에는 얽히는 일이 한두 가지가 아닌 모양인지 '얽히고설키다'라는 동사까지 있어서 말이 가끔 얽히고설킨다.

'얽히고설키다'는 당하는 말도 시키는 말도 아니다. '얽다'나

'얽히다'와 비슷한 뜻을 지닌 동사일 뿐이다. '설키다'라는 동사는 따로 없고 단지 '얽히고설키다'에만 쓰인다. 표기에도 주의해야 하지만 붙여 쓴다는 것도 잊지 말자.

엉기다 / 엉키다

다음 네 경우 모두에 '엉기다'와 '엉키다'를 쓸 수 있다.

 1. 점성이 있는 액체나 가루 따위가 한 덩어리가 되면서 굳어지다.
 2. 사람이나 동물 따위가 한 무리를 이루거나 달라붙다.
 3. 냄새나 연기, 소리 따위가 한데 섞여 본래의 성질과 달라지다.
 4. 감정이나 기운 따위가 한데 뒤섞여 응어리가 생기다.

가령 피가 엉겨 붙기도 하고 엉키기도 한다. 사람들이 엉겨 붙어 싸우기도 하고 뒤엉켜 싸우기도 한다. 땀 냄새와 향수 냄새가 엉겨 고약한 냄새가 나기도 하고 술 냄새와 고기 냄새가 엉켜 역한 냄새가 나기도 한다. 서운한 마음과 고마운 마음이 한데 엉기기도 하고 사랑과 미움이 엉키기도 한다.

그런가 하면 '엉키다'로만 써야 할 때도 있다. 줄이 다른 줄과 엉키거나, 여러 가지 문제들이 서로 엉켜 해결하기가 어려운 경우처럼 '여럿의 실이나 줄, 문제 따위가 풀기 어려울 정도로 서로 얽히다'라는 뜻으로 쓸 때는 '엉기다' 말고 '엉키다'만 쓴다.

에돌다 / 에두르다

'에돌다'와 '에두르다' 모두 직접 대놓고 말하지 않고 돌려 말한다는 뜻을 지닌 동사다. 이렇게만 알고 있으면 실수하기 쉽다. '에돌다'에는 '에두르다'에는 없는 뜻이 있고, 거꾸로도 마찬가지니까.

'곧바로 선뜻 나아가지 않고 멀리 피하여 돌다, 이리저리 빙 빙 돌거나 휘돌다'는 '에두르다'에는 없고 '에돌다'에만 있는 뜻 이고, '에워서 둘러막다'는 '에돌다'에는 없고 '에두르다'에만 있는 뜻이다.

'돌려 말하다'라는 뜻 또한 두 낱말의 어감이 조금 다른데, '에돌다'는 말 그대로 돌려 말하는 것이고 '에두르다'는 둘러대 는 것이다.

그러니 에도는 것은 말 그대로 돌거나 돌리는 것과 관계가 깊고, 에두르는 것은 빙 두르거나 둘러대는 것과 관계가 깊다. '에두른 벽'은 가능해도 '에도는 벽'은 어색하고, '이리저리 에 돌아갔다'라고는 할 수 있어도 '이리저리 에둘러 갔다'라고 하 는 건 어색하다.

'에돌다'는 '에돌아, 에도니, 에도는, 에돈, 에돌, 에돌았다'로, '에두르다'는 '에둘러, 에두르니, 에두르는, 에두른, 에두를, 에 둘렀다'로 쓴다.

외다 / 외우다

　말이나 글 따위를 잊지 않고 있거나 기억해 두었다가 한 자도 틀리지 않고 그대로 말하는 걸 외운다고 한다. '외우다'가 단지 글이나 말을 기억해 두는 것에 그치지 않고 한 자도 틀리지 않고 그대로 말하는 걸 뜻할 때는 '외다'라는 준말을 쓸 수 있지만, 단지 잊지 않고 기억해 두는 행위만 뜻할 때는 '외다'라고 줄여 쓰지 않는다.

　반면 '외다'는 '외우다'의 준말 말고도 같은 말을 되풀이한다는 뜻을 지닌다. 그러니 사람 이름이나 전화번호는 외우는 것이지 외는 것이 아니고, 주문은 외는 것이지 외우는 것이 아니다. 물론 사람 이름이나 전화번호를 자꾸 외어서 외울 수도 있고, 주문 또한 외웠다가 욀 수도 있다.

　'외다'는 '외어(왜), 외니, 외는, 왼, 욀, 외면, 외었(왰)다'로, '외우다'는 '외워, 외우니, 외우는, 외운, 외울, 외우면, 외웠다'로 쓴다.

　'이제 주문을 외면 상자 안에 든 사람이 사라질 겁니다', '어서 구구단을 왜(외어)라', '내 전화번호 외우고 있지?', '외워서 쓸 생각 말고 이해를 해야지'와 같이 쓴다.

우기다 / 욱이다

　'우기다'는 고집을 부리는 것이고 '욱이다'는 '욱다'의 시키는 말로, 안쪽으로 구부러지게 한다는 뜻이다.

'욱이다'에 '넣다'를 붙인 '욱여넣다'는 주위에서 중심으로 함부로 밀어 넣는다는 뜻을 지니는 동사다.

그러니 음식을 억지로 꾸역꾸역 먹거나 가방에 짐을 쑤셔 넣는 것은 우겨 넣는 것이 아니라 욱여넣는 것이다. 고집을 부려 억지로 먹거나 쑤셔 넣는다고 할 수도 있겠지만, 고집과는 상관없이 꼭 그래야만 할 때도 있으니 욱여넣는다고 해야지 우겨 넣는다고 하면 곤란하다. 이건 우길 일이 아니다.

움찔하다 / 흠칫하다

'움찔하다'는 깜짝 놀라 갑자기 몸을 움츠리는 것이고, '흠칫하다'는 몸을 움츠리며 갑작스럽게 놀라는 것이다.

뜻풀이에 쓰인 낱말이나 표현은 거의 같은데 순서만 다르다. 그러니 '움찔하다'는 놀라서 '움츠리는' 것을, '흠칫하다'는 움츠리며 '놀라는' 것을 각각 강조한 셈이다. '흠칫 놀라서 움찔 움츠린다'로 기억하면 어떨까.

'흠칫'은 '흠찟'으로 잘못 쓰기 쉽고, '움찔'은 '음찔'이나 '움쭐'로 잘못 쓰기 쉽다. 단, '움칠'은 '움찔'보다 거센 느낌을 표현하는 표준어다.

움츠리다 / 움츠러들다

몸이나 몸의 일부를 오그려 작게 하거나 겁을 먹어 몹시 기가 꺾이거나 풀이 죽을 때 '움츠리다'를 쓴다. '움츠러들다'도 같은 뜻이다.

이 둘은 순전히 헷갈리는 표기 때문에 고른 동사다.

'움츠리다'는 '움츠려, 움츠리니, 움츠리는, 움츠린, 움츠릴, 움츠렸다'로 쓰는 데서 알 수 있듯 어떤 경우에도 '움츠'는 바뀌지 않는다. 발음하기도 쉽지 않으니 제대로 적기는 더 어려울 수밖에 없는 낱말이다. 적을 때 각별히 주의해야겠다.

'움츠러들다'도 '움츠러들다'라고 쓰지 않으니 주의하자.

이다 / 지다

물건을 머리 위에 얹는 건 이는 것이고, 짊어서 등에 얹는 건 지는 것이다.

요즘은 자주 볼 수 없지만 예전엔 똬리를 머리 위에 얹고 그 위에 함지박이나 보따리를 이고 다니는 아주머니나 할머니가 많았다. 가끔은 쉬느라 머리에 인 짐을 내려놓았다가 다시 일 때 "학생 이것 좀 들어줘." 하고 부탁하는 경우도 심심찮았고. 보따리를 들어 보고는 '아니, 이렇게 무거운 걸 어떻게 이고 가시나.' 싶었던 적도 적지 않았다.

송강 정철의 「이고 진 저 늙은이」라는 시조에는 "이고 진 저 늙은이 짐 벗어 나를 주오"라는 구절이 나온다. 머리에는 보따리를 이고 등에는 짐을 짊어지고 가는 노인을 묘사한 것이다. 이 시조에서도 '짐 벗어 나를 주오'라고 했지 '짐 내려 나를 주오'라고 하지 않은 걸 보면 옛날부터 머리에 짐을 이는 건 여자들 몫이었나 보다. 남자들 머리엔 뿔이라도 돋쳤던 것일까? 하긴 장가 든 남자는 모두 상투를 틀었으니 뿔이 돋쳤다는 말이 아예 틀린 말은 아니겠다. 아니면 여자들은 등에는 아이를 업고 또 손으로는 아이를 걸렸으니 짐을 올릴 데라곤 머리 위밖에 없었기 때문일까? 그렇다면 '이다'는 여성들의 수난사를 고스란히 이고 있는 동사라고 할 수 있으려나. 참고로 요즘은 쓸 일이 없겠지만 기와나 이엉 따위로 지붕을 덮을 때도 인다고 한다.

반면 '지다'는 등에 짊어진다는 뜻 때문인지 부담이나 책임을 떠안는다는 뜻으로 많이 쓴다. '이다'가 여성 쪽이라면 '지다'는 남성들이 져 온 부담을 고스란히 지고 있는 동사라고 해야 할까.

'이다'는 '이어(여), 이니, 이는, 인, 일, 이었(였)다'로, '지다'는 '지어(져), 지니, 지는, 진, 질, 지었(졌)다'로 쓴다.

일어나다 / 일어서다

앉아 쉬고 있는 훈련병들에게 조교가 이제 휴식 시간이 끝났다는 뜻으로 "일어서!"라고 말하고, 손님이 왔는데도 느긋하게 누워 있는 주인에겐 "사람이 왔으면 좀 일어나 봐."라고 말한다.

물론 자리에서 일어서는 것과 일어나는 것이 다르다고 할 수는 없다. 뜻풀이에도 두 낱말 다 '앉았다가 서거나 누웠다가 일어나다'라고 돼 있다. '자리에서 일어서다'라고 쓸 수도 있고 '자리에서 일어나다'라고 쓸 수도 있다. 그러나 엄밀히 가리자면 일어서는 건 '서다'의 뜻을 품고 있기에 '일어나다'와는 다르다.

잠에서 깨어나거나 욕심이나 충동이 생길 때는 '일어서다' 보다 '일어나다'가 자연스럽고, 눈에 핏발이 서거나 건물이 들어설 땐 '일어나다'보다 '일어서다'가 자연스럽다.

'아침에 일어나면'을 '아침에 일어서면'으로 쓰면 어색하고, '마음에 충동이 일어날 때면'을 '마음에 충동이 일어설 때면' 으로 쓰면 어색하다. 반대로 '핏발이 일어선 눈'을 '핏발이 일어난 눈'으로 쓰거나 '동네에 아파트 단지가 일어선 뒤로는'을 '동네에 아파트 단지가 일어난 뒤로는'으로 써도 어색하다.

잇달다 / 잇따르다

'잇달다'와 '잇따르다'는 뜻이 같은 동사다.

추모 행렬이 잇달기도 하고 잇따르기도 한다. 잇단 사고로 나라가 위기에 처하기도 하고 잇따른 사고로 문제가 되기도 한다.

다만 '뒤를' 또는 '뒤에'를 붙여 쓰거나 생략한 문장에서는 '잇달다'만이 어울린다. 가령 '열차의 객실을 늘리기 위해 찻간을 한 량 (뒤에) 잇달았다'를 '찻간 한 량을 잇따랐다'라고 쓰거나, '끈이 짧아 다른 끈을 (뒤에) 잇달았다'를 '다른 끈을 잇따랐다'라고 쓰면 어색하다.

'잇달다'는 '잇달아, 잇다니, 잇다는, 잇단, 잇달, 잇달면, 잇달았다'로, '잇따르다'는 '잇따라, 잇따르니, 잇따르는, 잇따른, 잇따를, 잇따르면, 잇따랐다'로 쓰니 '잇달은'이나 '잇딴'은 잘못 쓴 것이다.

잠그다 / 잠기다

자물쇠로 채우거나 닫아걸거나 새지 않도록 막거나 단추를 끼울 때는 물론 물속에 가라앉게 할 때 잠근다고 한다. '잠기다'는 '잠그다'의 당하는 말이다.

'담그다', '담기다'와 함께 기억해 두면 가려 쓰기 쉽다. '담그다'를 '담가, 담그니, 담그는, 담근, 담글, 담갔다'로 쓰듯 '잠그다'도 '잠가, 잠그니, 잠그는, 잠근, 잠글, 잠갔다'로 쓰고, '담거'나 '담궈'로 쓰지 않듯 '잠거'나 '잠궈'로 쓰지 않는다.

또한 '담기다'가 당하는 말이니 '담겨지다'라고 쓰지 않듯 '잠기다' 대신 '잠겨지다'로 쓰지 않는다. '잠긴 문'이지 '잠겨진 문'이 아니고 '문이 잠겨서 들어갈 수 없다'이지 '문이 잠겨져서 들어갈 수 없다'가 아니다. 마찬가지로 '담기다'를 '담겨, 담기니, 담기는, 담긴, 담길, 담겼다'로 쓰듯 '잠기다'도 '잠겨, 잠기니, 잠기는, 잠긴, 잠길, 잠겼다'로 쓴다.

문을 잠그고 단추를 잠그고 욕탕에 몸을 잠근다. 그런가 하면 '잠그다'에는 '앞날을 보고 어떤 일에 재물을 들이다'라는 뜻도 있다. '부동산에 큰돈을 잠가 두었다'와 같이 쓸 수 있겠다.

단, '잠기다'가 '수심에 잠기다, 시름에 잠기다'와 같이 쓰일 때는 '어떤 한 가지 일이나 생각에 열중하다, 어떤 기분에 놓이다'라는 뜻으로 쓰인 것이지 '잠그다'의 당하는 말로 쓰인 게 아니니 주의하자.

재우다 / 쟁이다

'재우다'는 물건을 차곡차곡 포개어 쌓거나 고기 따위에 양념을 해 그릇에 포개어 담아 둔다는 뜻을 지닌 '재다'의 원말이고, '쟁이다'는 물건을 차곡차곡 포개어 쌓아 둔다는 뜻의 '재다'와 비슷한 뜻을 지닌 동사다.

둘 다 당하는 말도 아니고 시키는 말도 아니지만 그렇다고 '재워지다'나 '쟁여지다'라고 쓰지는 않는다. 그냥 '재운 고기'이고 '창고 가득 쟁인 물건'일 뿐이다.

예전에는 뒤꼍에 연탄을 쟁이고 쌀독에 쌀을 쟁이고 고기를 재운다면 더할 나위 없이 좋은 날이었다. 말 그대로 배부르고 등 뜨스운 날이었을 테니 '살 만하다'라고 할 수 있는 날이었겠다.

저어하다 / 주저하다

언뜻 같은 뜻의 동사 같지만 '저어하다'는 두려워한다는 뜻이고 '주저하다'는 망설인다는 뜻이니 차이가 있다.

'주변 사람의 시선을 저어하여 집 밖으로 통 나가지 못한다'와 '집 밖으로 나가기를 주저하며 하루 종일 옷을 입었다 벗었다 했다'는 다른 뜻을 가진 문장이니까.

'주저'는 한자어로, 머뭇거릴 주(躊)와 머뭇거릴 저(躇)가 합쳐진 낱말이다. '저어하다'와 언뜻 비슷해 보이는 건 소릿값 때문인지도 모르니 '주저하다'는 '망설이다' 정도로 쓰는 게 좋지 않을까.

절다 / 절이다

배추를 소금에 절이고 옷이 땀에 절고 담배에 전 냄새 때문에 코를 막는다.

'절다'는 푸성귀나 생선에 소금, 식초, 설탕 따위가 배어들거나, 땀이나 기름이 묻어 찌들거나, 사람이 술이나 독한 기운에 영향을 받는 걸 말한다. '절어, 저니, 저는, 전, 절고, 절면, 절, 절었다'로 쓴다.

'절이다'는 '절다'의 시키는 말이다. '절여, 절이니, 절이는, 절인, 절이고, 절이면, 절일, 절였다'로 쓴다. '절구다'는 일부 지역에서 달리 쓰는 말이니 헷갈리지 말아야겠다. 당하는 말은 따로 없으니 '절여지다'나 '절궈지다'로 쓰지 않는다. 가령 '밤새 절여진 배추'가 아니라 '밤새 절인 배추'가 맞는 표현이다.

한편 굳이 시키는 말을 쓸 필요가 없는데도 '절이다'를 쓸 때가 있는데, '땀에 절여지다시피 한 옷' 같은 표현이 대표적이다. 일부러 절인 것이 아니니 '땀에 절다시피 한 옷'이라고 쓰는 게 자연스럽겠다. 또한 1부의 '걷다 / 걸다' 항목에서 살펴본 것처럼 '기름에 절은 장갑'이 아니라 '기름에 전 장갑'이라고 써야 한다는 설명도 이쯤에선 사족이지 싶다.

젖히다 / 제치다

'젖히다'는 뒤로 기운다는 뜻인 '젖다'의 시키는 말이면서, 안쪽이 겉으로 나오게 하거나, 본동사의 행동을 막힘없이 해치운다는 의미의 보조 동사로 쓴다.

'제치다'는 거치적거리지 않게 처리하거나 일정한 대상이나 범위에서 빼거나 경쟁 상대보다 우위에 선다는 뜻이다. '제끼다'나 '제키다'로 쓰지 않는데, '제끼다'는 잘못된 표현이고, '제키다'는 '제치다'와 무관하게 '살갗이 조금 다쳐서 벗어지다'라는 뜻을 지닌 동사이기 때문이다.

'젖히다'와 '제치다'의 뜻을 헤아리면 옷을 '벗어젖히는' 건 가능해도 '벗어제치는' 건 불가능하고, 바람이 '불어제치는' 건 가능해도 '불어 젖히는' 건 불가능하다는 것을 알 수 있다. 다만 노래를 '불러 젖히다'나 피리를 '불어 젖히다'에서 '젖히다'

는 '막힘없이 해치우다'라는 뜻이니 쓸 수 있다. 단, 띄어 쓴다.

조르다 / 조이다

목을 조르고 허리띠를 졸라매는가 하면, 목을 조이고 허리띠를 조여 매기도 한다.

'조르다'는 떼를 쓰며 무언가를 요구할 때도 쓰지만, 동이거나 감은 것을 단단히 조일 때 쓰고, '조이다'는 느슨하거나 헐거운 것이 단단하거나 팽팽하게 될 때 또는 자리나 공간이 좁아질 때나 긴장될 때 쓴다.

둘 다 비슷한 뜻으로 쓰지만 그렇다고 전혀 가릴 수 없는 건 아니다.

'조르다'의 뜻풀이에 '조이다'가 들어 있는 데다 '조이다'의 뜻이 더 많아 '조르다'를 쓸 때 '조이다'를 써 어색한 경우는 거의 없지만, '조이다'를 써야 할 때 '조르다'를 쓰면 자연스럽지 못한 경우는 적지 않다. 가령 목이나 숨통은 조른다고도 하고 조인다고도 하지만 나사나 고삐는 조인다고 하지 조른다고 하지 않고, 시계나 허리띠, 바지통 따위가 꽉 낄 때도 조인다고 하지 조른다고 하지 않는다.

'조르다'는 '졸라, 조르니, 조르는, 조른, 조를, 졸랐다'로, '조이다'는 '조여, 조이니, 조이는, 조인, 조일, 조였다'로 쓰고, '조이다'의 준말인 '죄다'는 '죄어(좨), 죄니, 죄는, 죈, 죌, 죄었(좼)다'로 쓴다. 그러니 '조였다'라고는 쓸 수 있어도 '죄였다'라고는 쓸 수 없다.

조리다 / 졸이다

고기나 생선, 채소 따위를 양념해 국물이 거의 없게 바짝 끓이는 걸 조린다고 하고, 그렇게 끓여 낸 음식을 조림이라고 한다.

'졸이다'는 속을 태우다시피 초조해한다는 뜻도 지니지만, '조리다'와 연관해서는 찌개, 국, 한약 따위의 물이 증발해 분량이 적어진다는 뜻을 지닌 '졸다'의 시키는 말이다.

그러니 '조리다'는 양념 국물을 바짝 졸여 조림 음식을 만든다는 뜻이고, '졸이다'는 조리기 위해 국물을 자작하게 만든다는 뜻인 셈이다.

'조리다'는 '조려, 조리니, 조리는, 조린, 조릴, 조렸다'로, '졸이다'는 '졸여, 졸이니, 졸이는, 졸인, 졸일, 졸였다'로 쓴다.

조림을 하느라 국물을 자작하게 졸여 본 경험이 있다면 '마음을 졸인다'라는 표현이 눈앞에 쉽게 그려지리라.

좇다 / 쫓다

'좇다'는 목표나 이상, 행복 따위를 추구하거나 남의 말이나 뜻을 따르거나 규칙이나 습관 따위를 지켜서 그대로 할 때 쓰고, '쫓다'는 어떤 대상을 잡거나 만나기 위해 뒤를 급히 따르거나 어떤 자리에서 떠나도록 몰거나 졸음이나 잡념 따위를 물리칠 때 쓴다.

유행을 좇거나 스승의 뜻을 좇고 이상과 꿈을 좇는다. 도둑을 쫓거나 모기를 쫓고 잠을 쫓는다.

요컨대 몸을 움직여 뒤따르지 않고 눈이나 마음으로 따르거나 취향 따위를 공유하는 건 좇는 것이고, 직접 몸을 움직여 뒤따르거나 물리치는 건 쫓는 것이다. 아버지의 뜻은 좇지만 아버지의 뒤는 쫓는다. 당연히 '좇아 하는' 건 가능해도 '쫓아 하는' 건 불가능하고, '쫓아다니는' 건 가능해도 '좇아 다니는' 건 불가능하다.

그런가 하면 내몰거나 물리칠 때는 '쫓다'만 쓴다. '내쫓다'나 '쫓아내다'는 가능해도 '내좇다'나 '좇아내다'는 불가능한 이유다.

주워듣다 / 주워섬기다

귓결에 한마디씩 얻어듣는 건 주워듣는다고 하고, 듣거나 본 대로 이러저러한 말을 아무렇게나 늘어놓는 건 주워섬긴다고 한다.

'주워듣다', '주워섬기다' 모두 '줍다'에서 온 말이다. '줍다'는 '주워, 주우니, 줍는, 주운, 주울, 주웠다'로 쓰니 '주어듣다'나 '주어섬기다'로 쓰지 않는다. '주워'가 들어가긴 했지만 실제로 줍는다기보다 여기저기서 얻어듣거나 그렇게 얻어들은 말을 줄줄이 늘어놓는 걸 말한다.

'저렇게 주워섬기는 걸 보니 여기저기 주워듣는 데가 많은 모양이다', '어쩌면 저렇게 주워들은 대로 주워섬길까 몰라'와 같이 쓴다.

쥐어박다 / 쥐여살다

'쥐어박다'는 '쥐다'(쥐어, 쥐니, 쥐는)에서 왔고, '쥐여살다'는 '쥐다'의 당하는 말인 '쥐이다'(쥐여, 쥐이니, 쥐인)에서 왔다. 그러니 '쥐여박다'나 '쥐어살다'로 잘못 쓰지 않도록 주의해야겠다.

'쥐어박다'는 말 그대로 주먹을 쥐고 머리를 박는 것이고, '쥐여살다'는 누군가의 손아귀에 쥐인 채 살아간다는 뜻이다. 둘 다 자주 쓸 일이 없어야 좋을 낱말들이다. 누군가를 쥐어박을 일도 없어야겠지만, 누군가에게 쥐여살 일도 없어야 할 테니까.

지피다 / 짚이다

아궁이나 화덕 따위에 땔나무를 넣어 불을 붙이는 건 지핀다고 하고 헤아려 짐작이 갈 땐 짚인다고 한다.

'아궁이 앞에서 혼자 불을 지피다가 문득 짚이는 게 있어서 방으로 들어가 보니 모두들 나를 놀릴 계획을 짜느라 정신이 없었다'와 같이 쓴다.

'지피다'는 '지펴, 지피니, 지피는, 지핀, 지필, 지폈다'로, '짚
이다'는 '짚여, 짚이니, 짚이는, 짚인, 짚일, 짚였다'로 쓴다.

'지피다'는 대부분 불을 지필 때 쓰지만 '사람에게 신이 내려
모든 것을 알아맞히는 신통하고 묘한 힘이 생기다, 한데 엉기
어 붙다' 같은 묘한 뜻도 지닌다.

집다/짚다

'집다'는 손가락이나 발가락 또는 기구 따위로 물건을 잡아
서 들거나 어떤 것을 지적하여 가리킬 때 쓰고, '짚다'는 바닥
이나 벽, 지팡이 따위에 몸을 의지하거나 손으로 이마나 머리
를 가볍게 누르거나 여럿 중에 하나를 꼭 집어 가리킬 때 쓴다.
'짚다'의 뜻 중에서 '여럿 중에 하나를 꼭 집어 가리키기'에 '집
다'가 들어 있는 게 흥미롭다.

물건을 집어 올리거나 지팡이를 짚는 행위를 표현하면서
'집다'와 '짚다'를 헷갈릴 일은 없겠지만, '시험에 나올 만한 문
제들을 짚어 주었다', '모자 쓴 사람을 범인으로 집었다', '그렇
게 꼭 집어 말하면 나도 할 말이 없다', '그는 나를 짚어서 궁금
한 것들을 물었다', '문장 하나하나 짚어 가며 따졌다'와 같이
지적하고 가리키는 상황일 때는 가려 쓰기가 쉽지 않다. '짚고
넘어가다'이지 '집고 넘어가다'가 아닌 것도 마찬가지다.

뜻으로만 따지면, '여럿 중에 하나를 꼭 집어 가리킬 때'는

'짚다'를 쓰고, '지적하여 가리킬 때'는 '집다'를 쓴다. 특히 '집다'는 '○○이 ○○을 ○○으로 집다'라거나 '○○이 ○○을 ○○이라고 집다' 같은 형태로 쓰고, '짚다'는 '○○이 ○○을 짚다' 같은 형태로 쓴다.

짜깁다/짜깁기하다

직물의 찢어진 곳을 흠집 없이 짜서 깁는 걸 나타낼 때 '짜깁다'를 쓴다. 그 뜻에 더해 기존의 글이나 영화 따위를 편집하여 하나의 완성품으로 만든다는 뜻까지 있는 낱말이 '짜깁기하다'이다.

뜻풀이에서 '짜다'는 '실이나 끈 따위를 씨와 날로 결어서 천 따위를 만들다'라는 뜻이고, '깁다'는 1부의 '감치다/깁다' 항목에서 본 것처럼 '떨어지거나 해어진 곳에 다른 조각을 대거나 또는 그대로 꿰매다'라는 뜻이다. 그야말로 짜고 깁는 것을 합쳐 놓은 낱말들이니 '짜집다'나 '짜집기하다'라고 쓸 수는 없다.

차다/차이다

발로 내지르거나 받아 올리고 발을 뻗어 사람을 치거나 연인 관계에서 일방적으로 관계를 끊을 때 찬다고 한다. '차다'의 당하는 말은 '차이다'이다. 줄여서 '채다'라고도 쓴다.

그런데 '낚아채다'라는 뜻의 '채다'라는 동사가 따로 있으니 '채다'를 '차이다'의 준말로 쓸 때는 주의해야 한다. 무엇보다 '채이다'라고는 쓰지 않는다. '차이다'가 이미 당하는 말이니 그 준말인 '채다'에 '-이-'를 또 붙일 까닭이 없다. 따라서 '차다'의 당하는 말일 때는 '차였다'나 '채었다'라고 쓰지 '채였다'라고 쓰지 않는다.

그런가 하면 구멍이나 구덩이를 만든다는 뜻인 '파다'의 당하는 말은 '파이다'이고 줄여서 '패다'라고 쓰지만, '패이다'라고는 쓰지 않는다. '파이다'가 이미 당하는 말이어서 그 준말인 '패다'에 다시 '-이-'를 붙일 이유가 없기 때문이다. 이 역시 '파다'의 당하는 말일 때는 '파였다'나 '패었다'라고 쓰지 '패였다'라고 쓰지 않는다.

한편 '치다'의 당하는 말은 '치이다'여서 '차에 치여 다치거나, 일에 치여 피곤한 것'이지 '차에 치어 다치거나, 일에 치어 피곤한 것'은 아니다. 당연한 듯 보이지만 은근히 실수가 잦은 낱말들이다.

처박다 / 쳐들다

'처박다'라고 쓸 때는 '처-'가 붙고 '쳐들다'라고 쓸 땐 '쳐-'가 붙는다. 앞의 '처-'는 '마구, 몹시, 많이'를 뜻하는 접두사고, 뒤의 '쳐-'는 '위쪽으로'의 뜻을 지닌 접두사 '치-'에 '-어-'가 붙은 것이다. 그러니 '처박다'는 마구 박는다는 뜻이고 '쳐들다'는 위로 치어 든다는 뜻이다.

'처넣다, 처매다, 처먹다, 처박다, 처싣다'의 '처-'는 모두 '마구, 몹시, 많이'를 뜻하고, '치감다, 치닫다, 치뜨다, 치먹다, 치밀다, 치받다, 치솟다, 치어다(쳐다)보다'의 '치-'는 '위쪽으로'를 뜻한다. 한편 '쳐내다, 쳐부수다, 쳐주다'의 '쳐-'는 '치다'에서 온 것이어서 쳐서 내고 쳐서 부수고 쳐서 준다는 뜻일 뿐이다.

'치-'나 '치어(쳐)-'를 '덮치다'나 '망치다'의 '-치-'처럼 거센 느낌을 더하는 말로 여길 수 있으니 주의해야겠다. 가령 '위쪽으로 내닫는 것'을 뜻하는 '치닫다'를 '내리막길로 치달았다'나 '하락세로 치닫다'처럼 엉뚱하게 쓸 수 있는데, 이럴 땐 '치-' 대신 '내리-'를 붙여 '내리달았다', '내리닫다'로 써야 맞는다.

추키다 / 치키다

'추키다'와 '치키다' 모두 위로 끌어올린다는 뜻을 지닌다. 그래서 주로 '추켜들다, 치켜들다, 추켜세우다, 치켜세우다, 추켜올리다, 추어올리다'처럼 '들다, 세우다, 올리다'와 함께 쓴다.

'추켜들다'는 치올려 든다는 뜻이고 '치켜들다'는 위로 올려 든다는 뜻으로, '횃불을 추켜들고, 양손을 치켜든다'라고 쓴다.

'추켜세우다'는 위로 치올려 세운다는 뜻으로, '눈썹을 추켜세우고, 몸을 추켜세운다'라고 쓴다.

'치켜세우다'는 옷깃이나 눈썹 따위를 위쪽으로 올리거나 정도 이상으로 크게 칭찬한다는 뜻으로, '옷깃과 눈초리를 치켜세우고, 공을 세운 동료를 한껏 치켜세운다'라고 쓴다.

'추켜올리다'는 위로 솟구어 올린다는 뜻으로, '흘러내리는 치맛자락을 추켜올리고, 흘러내린 양말을 추켜올린다'라고 쓴다.

'추어올리다'는 '위로 올리거나 정도 이상으로 크게 칭찬한다'라는 뜻으로, '바지를 추어올리고, 동료들이 나를 자꾸 추어올리니 우쭐거리게 된다'라고 쓴다. 칭찬한다는 뜻으로 '추어올리다'와 함께 쓸 수 있는 건 '치켜세우다'뿐이라는 것도 기억해 두면 좋다. 한편 '치켜올리다'는 표준어가 아니니 쓰지 않는다.

정리하자면 위로 높이 올려 들 때는 '추켜들다'와 '치켜들다'를 쓰고, 지나치게 칭찬할 때는 '추어올리다'와 '치켜세우다'를 쓰며, 눈썹이나 몸처럼 그 자체를 위로 올리는 것이 아니라 그저 눈짓이나 몸짓으로 치올릴 때는 '추켜세우다'와 '치켜세우다'를 쓰고, 바지나 양말 따위를 위로 끌어올릴 때는 '추어올리다'와 '추켜올리다'를 쓴다. 그리고 '치켜올리다'는 머릿속에서 지우자.

치다 / 치고받다

'치다'는 손이나 손에 든 물건으로 세게 부딪게 하거나 손이나 물건 따위를 부딪쳐 소리 나게 할 때 또는 손이나 손에 든 물건으로 물체를 부딪게 하는 놀이나 운동을 할 때 쓴다. 뜻풀이에 빠지지 않고 등장하는 것이 '손'과 '물건' 그리고 '부딪게 하다'라는 표현인 걸 보면 손이나 손에 쥔 것으로 무언가를 때리는 행위를 뜻하는 것이 분명하다.

그런가 하면 '받다'는 주로 머리를 쓰는 경우에 해당한다. 요컨대 들이받는 것이다. 그래서 나온 동사가 '치고받다'이다. '치고받고 싸우다', '치고받는 싸움 끝에 마침내 승부가 정해졌다'와 같이 쓴다.

'치고받다'를 '치고박다'로 잘못 쓸 때가 종종 있는데, '박다'는 '문에 이마를 박는 바람에 혹이 나고 말았다'와 같이 부딪히는 것이지 상대를 공격하기 위해 들이받는 것은 아니다. 그러니 '치고받다'로 써야 제 뜻을 전할 수 있다.

통밀다 / 한통치다

'통밀다'는 이것저것 가릴 것 없이 평균으로 치는 걸 말하고, '한통치다'는 나누지 않고 한곳에 합치는 걸 말한다. 흔히 '통치다'나 '퉁치다'로 잘못 쓰는 말의 표준어가 바로 '한통치다'이다.

'통밀다'는 '통밀어'의 형태로 자주 쓰이는데, '통틀다'나 '통짜다'가 '통틀어'나 '통째로'의 형태로 주로 쓰이는 것과 같다.

가리지 않고 평균으로 치는 것과 한데 합치는 건 다르다. 가령 '통밀어서 중간 걸 기준 삼읍시다'라고 말할 때와 '나누지 말고 한통쳐서 계산해 줘요'라고 말할 때는 다르니까.

한편 '통틀다'는 '통틀어'로 쓰지 '통털어'로 쓰지 않고, '통째로'도 '통채로'라고 쓰지 않는다는 것도 기억해 두자.

톺다 / 톺아보다

'톺다'는 '가파른 곳을 오르려고 매우 힘들여 더듬거나, 틈이 있는 곳마다 모조리 더듬어 뒤지면서 찾다'라는 뜻을 지닌 동사다. 언제부터인가 '톺아보다', '톺아보기' 같은 형태로 자주 쓰는 말이다.

대학을 졸업할 무렵 동아리 문집에 실릴 산문을 써서 후배에게 건넸는데 이 친구가 교정을 보면서 '톺다'를 '톱다'로 고쳤다. 낱말이 생소했던 모양이다.

이처럼 '톺다'는 처음엔 어색해도 자주 접하다 보면 은근히 정감이 가는 낱말이다. '샅샅이 뒤지다'나 '낱낱이 파헤치다'보다 훨씬 듣기 좋고 보기도 좋다. 이런 낱말들이 또 있을 테니 잘 톺아서 쓰면 좋겠다.

펴다 / 피다

날개는 펴고 꽃은 핀다. 책은 펴고 불꽃은 핀다. 그런가 하면 담배는 피우고 소란도 피운다.

‘담배 피고, 소란 피고, 바람 핀다’라고 쓰지 않는다. 특히 ‘바람피우다’는 붙여 쓴다는 데 주의하자.

‘피우다’는 ‘피다’의 시키는 말이다. 꽃이나 불꽃과 달리 담배나 소란, 게으름은 피게 하는 것이니 시키는 말인 ‘피우다’를 쓴다. 물론 꽃이나 불꽃도 ‘꽃을 피우고, 불꽃을 피웠다’라고 쓸 수 있다. 단, 간지럼은 태운다고 하지 피운다고 하지 않는다.

‘피다’는 ‘피어, 피니, 피는, 핀, 필, 피었다’로, ‘펴다’는 ‘펴, 펴니, 펴는, 편, 펼, 폈다’로, ‘피우다’는 ‘피워, 피우니, 피우는, 피운, 피울, 피웠다’로 쓴다.

헷갈리다 / 헹갈리다

‘헷갈리다’, ‘헹갈리다’, ‘섞갈리다’ 모두 같은 뜻이다. 헷갈리고 헹갈리고 섞갈릴 일 없으니 편하게 쓰면 되겠다.

다만 ‘섞갈리다’는 ‘갈피를 잡지 못하게 여러 가지가 한데 뒤섞이다’라는 뜻만 있지 ‘헷갈리다’나 ‘헹갈리다’처럼 ‘정신이 혼란스럽게 되다’라는 뜻은 없다. 하긴 그 말이 그 말이겠다. 이런 걸 노파심이라고 해야 할까. 그래도 없는 건 없는 것이다. 혹여나 가려 쓸 일이 생길지 누가 알겠는가.

참고로 ‘갈피’는 ‘일이나 사물의 갈래가 구별되는 그 어름’이라는 당연한 뜻도 있지만, ‘겹치거나 포갠 물건의 하나하나의 사이, 또는 그 틈’이라는 뜻도 있다. 하긴 겹치거나 포갠 물건의 사이가 분명해야 갈피가 잡힐 테니 이상할 것 하나도 없겠다. '갈피가 서다'는 '가리사니가 서다'라고도 쓴다. '가리사니'는 사물을 판단할 만한 실마리를 뜻하는 명사다.

헤집다 / 헤치다

'헤집다'는 긁어 파서 뒤집어 흩거나 이리저리 젖히거나 뒤적일 때 또는 걸리는 것을 이리저리 물리칠 때 쓴다. 그런가 하면 '헤치다'는 속에 든 것을 드러나게 하려고 덮인 것을 파거나 젖힐 때, 모인 것을 제각기 흩어지게 할 때 또는 앞에 걸린 것을 좌우로 물리칠 때 쓴다.

뜻이 비슷해 보이지만 '헤집다'가 무언가를 찾거나 흩뜨리기 위해 파거나 뒤집거나 물리치는 것이라면, '헤치다'는 드러나게 하거나 나아갈 목적으로 파거나 젖히고 물리치는 것이라는 차이가 있다.

'도둑이 집 안을 온통 헤집어 놓았다', '닭이 마당을 헤집고 다닌다', '옷을 풀어 헤치고 가슴에 새긴 문신을 드러냈다', '숲길을 헤치고 나아갔다'와 같이 쓴다.

호리다 / 홀리다

매력으로 남을 유혹해 정신을 흐리게 하거나 그럴듯한 말로 속여 넘길 때 호린다고 한다. '홀리다'는 '호리다'의 당하는 말이 아니라 유혹에 빠져 정신을 차리지 못하거나 거꾸로 유혹하여 정신을 차리지 못하게 한다는 뜻을 다 갖는 동사다.

그러니 사람을 호려 이득을 취하기도 하고 사람을 홀려 정신을 차리지 못하게도 하지만 거꾸로 상대에게 홀려 된통 당하기도 한다.

참고로 '호리다'에는 몸의 부피가 가늘어지도록 옴츠린다는 뜻도 있다.

후리다 / 훌치다

'후리다'는 휘몰아 채거나 쫓을 때, 휘둘러서 깎거나 벨 때 또는 휘둘러서 때리거나 칠 때, 매력으로 남을 유혹하여 정신을 매우 흐리게 할 때 쓴다. '허공을 맴돌던 매 한 마리가 마당의 닭들을 후리기 시작했다', '대패로 나무를 한번 후리니 매끈해졌다', '찬바람이 얼굴을 매섭게 후리고 지나갔다', '여자를 후리고 다니는 난봉꾼'과 같이 쓴다.

'훌치다'는 세게 후린다는 뜻도 있지만, 주로 촛불이나 등잔불 따위의 불꽃이 바람에 쏠리거나 물체가 바람 따위를 받아서 휘우듬하게 쏠릴 때 쓴다. '산 정상에 오르니 바람에 훌친 듯 나무들이 모두 한쪽으로 휘우듬하게 기울어 있었다'와 같이 쓴다.

'훌치다'와 발음이 똑같아서 헷갈릴 만한 동사로는 '훑이다'가 있다. '훑다'의 당하는 말로 쓰기도 하지만 '부푼 듯하고 많던 것이 다 빠져서 졸아들다'라는 뜻을 지닌 동사이기도 하다. '밥을 못 먹었더니 배 속이 훑인 듯 오그라들었다'와 같이 쓴다.

흐트러지다 / 흩뜨리다

'흐트러지다'는 여러 가닥으로 흩어져 이리저리 얽히거나 옷차림이나 자세 따위가 단정하지 못할 때 또는 정신이 산만해 집중하지 못할 때 쓴다. '흩뜨리다'는 흩게 하거나 태도나 마음, 옷차림 따위를 바르게 하지 못할 때 쓴다. '흩트리다'라고도 쓴다.

머리카락이 흐트러지거나 자세가 흐트러졌다고 쓰고, 머리카락을 흩뜨리고 자세를 흩뜨린다고 쓴다.

'흐트러지다' 때문인지 '흩트리다'를 '흐트리다'라고 쓸 때가 있는데, '흐트러지다'가 '흩트리다'에서 나온 것이 아니어서 '흐트리다'라고는 쓸 수 없다. 같은 이유로 '흩뜨리다'와 '흩트리다' 또한 '흩뜨러지다'나 '흩뜨려지다', '흩트러지다'나 '흩트려지다'라고는 쓰지 않는다.

동사의 맛
: 교정의 숙수가 알뜰살뜰 차려 낸 우리말 움직씨 밥상

2015년 4월 4일 　　초판 1쇄 발행
2024년 11월 4일 　　초판 18쇄 발행

지은이
김정선

펴낸이	**펴낸곳**	**등록**	
조성웅	도서출판 유유	제406-2010-000032호(2010년 4월 2일)	

주소
경기도 파주시 돌곶이길 180-38, 2층 (우편번호 10881)

전화	**팩스**	**홈페이지**	**전자우편**
031-946-6869	0303-3444-4645	uupress.co.kr	uupress@gmail.com
	페이스북	**트위터**	**인스타그램**
	www.facebook .com/uupress	www.twitter .com/uu_press	www.instagram .com/uupress

편집	**디자인**	**마케팅**	
조형희	이기준	전민영	

제작	**인쇄**	**제본**	**물류**
제이오	(주)민언프린텍	다온바인텍	책과일터

ISBN 979-11-85152-19-6 03710